我們教室有鬼

Ghosts in Our Classroom

充滿哲學思考的教育現場

楊茂秀 著

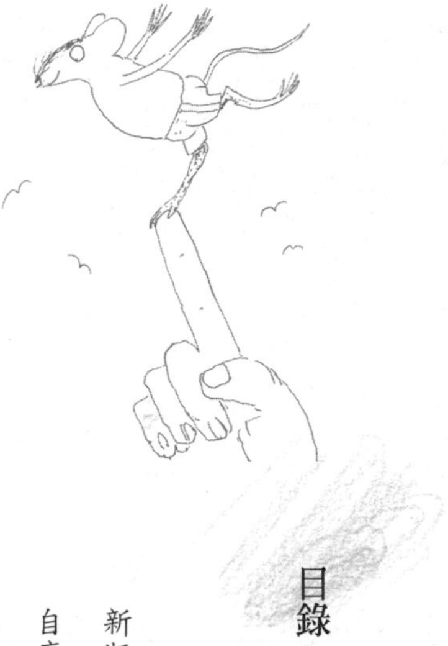

目錄

新版序

爲孩子裝備「思考的地圖」

楊茂秀

〈小麻雀的秘密恰恰是六十分〉

小麻雀，你差一點就還是活的。

現在，你簡直是一片黃葉，落在階梯。

你聰明嗎？有秘密要告訴朋友嗎？

也許，你最好的朋友就是你自己。

告訴你一個秘密，請你千萬不要告訴別人，包括你照鏡子時看見的你自己。

我傾聽，我歪著頭，斜側上半身，你的呼吸老早停止了，沒了呼吸大概就沒有秘密可以說了！

大概，只是大概。

其實，說不定，你以為我知道一切秘密，天上飛的，地上爬的，水中游的。
只有一個，土裡長出來的，我不知道。
那個秘密讓我心碎，
我不知道我做錯什麼？
我做錯了什麼？
要掉落在階梯，
還要被你帶到教室，
聆聽那位長者，穿土黃長袍的長者，瞪眼看我問我：
「你未生之前，本來面目是什麼？」
我只想知道，我若已經死了，就沒有面目了。未生之前，我是你，你需要給我六十分。六十分恰恰是一個小時的長度，一隻麻雀的身長，手指握不住的……

兩個黃鸝鳴翠柳

六十分

∞

這本書曾被遠流總經理李傳理先生定調爲「教育禪」，我一直沒有表示我的看法。多年來，總是會被問：「你的書爲什麼稱爲教育禪？」「教育禪指的是什麼？」這些問題形式雖然簡單，答案卻是無法簡單，大概唯有用故事來營造出思考的平台，由讀者自己上去，用談話式的閱讀來譜寫不同的思考的樂曲。

因爲跟禪有關，故事就從我個人學習禪的往事說起。

一、

大三時，學期末了，那一天是交期末報告的最後機會。其實是南懷瑾老師親自發回報告的最後三堂課，老師會在上課時，當場批示並評分。遲交，也就是當場補交，是可以的，只是不免尷尬。

一點四十分上課。

我那時在餐廳打工，洗完碗盤，回到宿舍，換好衣服，已經快兩點，急急衝向輔大的文學院大樓——我們都稱它爲「紅樓」。教室在三樓，我一步二階奔上樓。進紅樓的階梯時，差點踩到一隻麻雀，注意看那麻雀似乎是死雀一隻，撿起來捧在手上，卻有微慍，也許……。沒多想，捧著麻雀，腰彎低低，奔向自己的座位。全班剛剛向老師行禮完畢，才坐定。

南老師和平常上課一樣，面帶微笑的環視全場，用眼光和場中每位同學都打了招呼之後，就開始一篇一篇發還報告。同學一個個上前領取，老師總是有幾句話要和領報告的人說。

下課時，遲交的同學都急急過去交，我還在振筆疾書。寫完，我立刻從座位彈起，我是最後一個交的人。

第三節課，老師最後看我的報告——勉強湊出的六百字，滿滿一張稿紙。老師看著，微笑如常，似乎點頭，又似乎搖頭。他在我的報告上批了一行字，並叫我上前，把報告朗誦出來。

「必要嗎？」我乞求：「可以不唸嗎？」

「自己決定。」

同學們吵著要聽，老師仍然微笑著。

「連您批的評語也唸嗎？」

「自己決定。」老師說：「不要忘了給文章下一個標題，好標題可以加分。」

我硬著頭皮大聲唸出全文。最後，停了十幾秒，才唸出老師的評語和分數，並為文章補上標題：「小麻雀的秘密恰恰是六十分」。老師掃過我再交去的報告，看看我的補標，提筆在原評語「兩個黃鸝鳴翠柳」旁，寫下：「好標，值兩分。」

『兩個黃鸝鳴翠柳』，我不懂老師評語的意思，不過及格就好了，最後還多了兩分，說不定不是全班最低分呢。」轉頭走回自己的座位，沒想到，說時遲那時快，我桌上那隻麻雀卻飛了起來，在教室裡幾度衝撞，落地又起飛，終於，在全班同學錯愕的表情中，飛出窗外去了。

南老師叫我把報告再交過去給他。

我站在他面前，看著他在稿紙上補上另一句：「一行白鷺上青天。」

我拿著報告，忍了忍，卻聽到自己的聲音說：「老師，請開示，學生不懂老師這兩句詩在這裡的深意。」

老師開口說話，聲音宏亮，是說給大家共賞的：「『兩個黃鸝鳴翠柳』，說你的報告不知所云，誰聽得懂翠柳問鸝鳥的吱吱喳喳，說什麼啊！第二句『一行白鷺上青天』，說你的報告離題越來越遠，明白不？」

「老師，您這話有東西掉落水中的聲音。」

「怎麼說？」

「不通，不通！」

「講白！」

「我怕會是白講。」

「支支吾吾，不是你，你說！」

「遵命，那我就說了。」我停了停，鼓起勇氣說：「老師，您先說我不知所云，接著又說我離題越來越遠，這不是『不通，不通』掉落水了嗎？早先不知所云，何來離題越來越遠的判斷？」

南老師哈哈一笑說：「報告再交來！」他在「一行白鷺上青天」七個字旁邊補上：「口頭有禪泡沫，九十分。」

二、

南老師的故事說不完的，我就再說一個，從另一個視角來瞭解他的典範與風格。

大學時，能修到南老師的課，是個福分。可是老師是大忙人，常外出講學，又有學舍要經營，著作不斷；他對政治、經濟似乎都有涉入，雖然他在課堂上絕口不談他的江湖事蹟與他的「國事、天下事」，我們卻常在他缺席的時候，談論他的奇異行止，以及他提供的書籍與資料。

一般而言，老師缺席乃是學生的福利。可是，南老師缺席，我們是難過的，雖然難過，也有絲絲放鬆。因爲，老師是個十分努力嚴謹的人，他看我們不長進、不夠努力時，常會數落我們。誰喜歡被數落呢？尤其被自己崇拜的人數落，心頭會有壓不扁的玫瑰要長出來的。

有一天，老師又在高談深論，讓我們敬佩不已時，有同學突然舉手問老師。

「請問老師，麻雀怎麼走路？」

「你又來了。上次你問我，在峨嵋山金頂修行時，有沒有帶鏡子？這一次，你問麻雀怎麼走路？你說說看。」

「麻雀在樹枝上，是踩著樹枝左右橫行，在地上是雙腳併跳，吃到蚯蚓，就一步步往後退步拔拉。」

「你說這怎麼？」

「只證明一件事。」

「什麼事？」

「我知道一件老師不知道的事，如此罷了。」

「好說，今晚有事嗎？」

「沒事！」

「下課跟我走。」

下了課，他跟著老師上了輔仁大學那輛大大的藍色賓士校車，坐在老師身邊。老師問他：「你要不要退學，轉到陸軍官校去，我介紹你去。我看你頗有膽識，軍旅應該是你的大道。」他沒表示什麼，其實他的哥哥和弟弟都在鳳山的軍校裡，他是起了家庭革命，才有機會來念哲學，哪有又自投羅網的道理。老師也就沒有再提了。

到了老師家，師母開門時說：「又帶學生來吃飯，也不先撥個電話。」「這個學生問我一個問題，我不會，請他吃飯，謝謝他。」

三、

一九六四年，我入輔大。六五、六六年間，修過南老師幾門課。南老師的課總是踏實，讓學生真正進入原始哲學的境界。他不作興在各家之間追逐抽象的學說或流派，直接拿「公案」出來討論，在討論中、在問答之間建立案例。他的上課方式，奠定了我後來能順利進入哈佛大學形上學俱樂部所提倡的「探索社群」的基礎。

禪宗公案的探討，是要建立探索的道路，最重要的信念是——「不要阻礙了探索的道路」，而這也是形上學俱樂部傳統下「探索社群」的座右銘。南老師始終強調，公案的探究，不能止於口耳之間，必要能提升爲生命意義的追尋，並落實爲經世濟民、應和天地之道。這和兒童哲學之父李普曼（Matthew Lipman）博士創立兒童哲學的初衷也不謀而合。

英國當代大哲賴爾（Gilbert Ryle）曾經表示：探索的道路，有些是前人走出來的，能跟著走就跟著走；沒有前人走過的路可走，就要自由的在沒路的狀況下、迷路的狀況下，走出自己的路。所以，迷路或走投無路時，其實正是創造的機會。

學術的路、生活的路、思想的路、觀念的路，何時上路？時機無從預料。如果在人之初，人生一開始就裝備「思考的地圖」，往下走就有了好工具。

如何在人之初就能裝備「思考的地圖」呢？得要先學會繪製地圖。這麼說，似乎本末倒置了，其實不然。舉例來說：小孩在家中生活，大人教他認識周遭環境——家在村莊何處？家中廚房的位置、客廳的位置、臥室、浴室……的位置，各個位置之間的動線一一瞭解的同時，教他們畫在紙上。學會繪製地圖，不只閱讀地圖有了工具，有了方法，而且進一步走入大世界時，世界地圖的各種問題，都能輕易解決。問別人路，也就不會聽不懂人家在說什麼了！

學期快結束時，老師在帶領我們選讀、討論過許多公案，建立很多案例之後，介紹我們當時剛剛出版的《心燈錄》和《習禪錄影》兩書。老師沒時間和我們共讀這兩本書，只說：「《心燈錄》在清朝雍正筆下批註過，後來卻成了禁書，你們讀讀禁書，說不定就更能行證解脫於禪心！《習禪錄影》是有志眞正習禪的人，珍貴的入門書，其中有我的另外一面江湖生命的根本，是大學課堂上看不到的。」

這兩部書，一直到今天，都還是我桌上和《莊子》、《史記》、《左傳》、基督教《舊約聖經》、《新約聖經》並列，常常翻閱的好朋友。

四、

美國大教育家，一輩子都在從事第一線教學的名師賀伯特·科爾（Herbert Kohl）極力主張：從事教育者最大的挑戰，是持續不斷爲年輕人提供希望，給孩子的心靈想像的空間，協助他們發展耐力、信心與敏感性，那些是他們走出自己的心，走向大世界的工具和方法。當然，光希望是不夠的，但是沒有希望是絕對不可以的。要給人家希望，自己必須是有希望的人，並且相信所有的小孩都有權利學習，實際上也能學習。

希望的源泉就在教學過程本身，那是艱難的工作，不但要眞誠、有耐心，而且焦點得要集中在孩子——個別的孩子身上。

自古以來，教育從未停止改革，學校行政也不斷重視規範。規範的缺乏，會使得教育變成不可能；對學生及其父母家庭、社區文化的尊重，也是必要的。教師身處在這兩者的矛盾之間、衝突之中，是一定要發展出智慧來，爲行政體系與學生、家庭、社區的文化搭建橋樑。善於提供妥協的方法與態度，是第一線教師必要修行的功課。

妥協、輔導的功夫，是要不斷的實驗，持續檢視，必要時放棄的勇氣要有，才可能創造出大草原一般、沒有圍牆的學校。生存其中的師生，才能眞正享受大草原上的自由風和任意雲。

五、

眞是沒想到，《我們教室有鬼》會以另一番風貌，出現在讀者面前。主編鄭祥琳和我在討論書名時，我說：「是不是改爲《我們教室『還是』有鬼》？」

祥琳爲這個建議大眼睛一亮，哈哈笑道：「也可以改爲《我們教室『眞的』有鬼》，或者，《我們教室『果然』有鬼》！」

我們越說越高興，我說：「其實，我們教室『一直』有鬼！」

修訂版抽換了兩篇文章，抽掉的就不說了，補的是〈小孩和神明一起吃葡萄〉和〈站著屙尿是什麼規矩〉。這兩篇文章的哲學意味、探索的取向都很吸引人。

另外新增了一篇附錄，是從《觀念玩具：蘇斯博士與新兒童文學》選出來的。蘇斯博士（Dr. Seuss）代表的是美國在一次大戰與二次大戰之間開始的教育改革，他的貢獻有很多方面，最重要的是，他的作品改變了美國傳統上不斷訓誡的教科書，而成爲以娛樂人（大人和小孩）的「觀念玩具」。

台灣歷經多年的教育改革運動，漸漸的也有不少作家投入創作「觀念玩具」的行列。只是，我們的教科書及師培機制仍然原地踏步，口號日新月異，內容與做法表面上一變再變，其實一成不變。辛苦的是基層認眞的老師，必須好努力，才能眞正循自己的教育良心，站在孩子面前說好聽的故事。

這篇附錄本身，其實就是一個觀念玩具，你玩玩就好；我自己是三不五時，拿出來把玩，眼前總是浮現蘇斯博士作品中那些四不像的動物形象和他們的遊戲。

一本書如果缺乏感謝的話，就像拜拜時，沒有和神明說話。以前我偷懶，總是用

「謝謝天」三個字輕輕帶過。以下要提的人，都是使這本書出生的貴人，首先是祥琳，是她發心要使這本書重見天日的，她說：「書裡的每一個觀念，到今天再讀，都仍是當前台灣教育、教室文化的警醒解藥呀，何況還有那麼多有趣的故事，百讀不膩！」此外，總編輯文娟、文編雯婷、美編唐唐，還有我的牽手白珍教授的支持和女兒靈靈爲我畫的畫像，都讓我深深感謝。

二〇一六年二月十四日

自序

故事是遊戲

搬來台東住之後，我常常到海邊一面看海，一面撿石頭。我聽說沒有哪一本書比海更豐富，沒有哪一粒石頭，不存留著大地脈動的軌跡。可是，這種話聽聽覺得好，但沒有什麼深刻的感動。

有一天，我正在海邊撿石頭，撿到好的、合意的，就往布袋裡放，不想要的，便用力一甩。遠遠有個老人在釣魚，他戴著斗笠，穿著長筒膠鞋。我們本來互不相關，我正撿得高興，卻看他把釣竿插好，空著雙手對著我大步踏著沙石而來，離我五步遠處，停下來對我說：「年輕人，我跟你講……」我已經是五十多歲的人了，被人家叫年輕人，一時心喜，立刻眉開眼笑地說：「歐吉桑，什麼事？」

「這些石頭跟地球一樣老，它們被海水衝擊，被海浪拍打，成了這個形，有了這種紋路，和你有緣，被你撿起來，合你意，你要把人家帶走，也沒問人家願意不願意。不合你意，你就用力一甩。這太失禮。你應該輕輕放下，說聲：『對不起，打擾了。』」說完，他不等我的反應，轉身就走。

其實我一時也不知道要怎麼反應，只覺得他的話很有道理，再想下去，卻又心有未甘，想走過去問他，他釣到魚，有沒有先問魚兒要不要跟他回家。可是，我終究沒有去問他，因爲即使他不問魚，他對我說的話還是對的。

每一個人的生活中，都有一些印象深刻的經驗，而我相信，把自己的經驗說給別人聽，說多了就會變成故事，認眞聽人家說他的故事，跟認眞把自己的故事說給人家聽，都是獲得快樂的一種生活方式。我常常喜歡聽故事，也常常喜歡把自己的經驗說成故事，漸漸的，在我的生活裡面，故事好像成了不可或缺的精神糧食。

當我把書寫完的時候，編輯李佳穎問我：爲什麼每一篇文章前面擺詩？我覺得我寫這些故事，述說這些經驗，等於是在爲讀者準備一些精神上的餐點，我們吃飯的時候，不是有一些小點心嗎？這些短詩就是餐前的開胃菜。如果讀者看出了什麼與主文的重要關係，那多半是讀者自己想的。

朋友們告訴我，這些東西第一次讀，總覺得有一些怪怪的，有一些好像哪裡不對勁的地方，可是再讀的時候，那些怪跟不對勁，似乎就獲得了解決。其實，我這些東西都是整理自己經驗的故事體，如果不寫下來，繼續說下去，它的樣子會不斷的改變，它的意義也會有不同的彰顯。

說故事，是我整理經驗、獲得意義、徵求溝通的一種方式，我把它寫下來，並不代表我不再說了，而是希望我的反省方式能夠提供一種獲得快樂的建議。美國哲學家奎因（Willard Van Orman Quine）曾經說：「學習就是在學取樂。」（To learn is to learn to have fun.）我在反省的過程中，藉著不斷的述說本身的經驗成爲故事，獲得很多快樂，也交到很多朋友，我希望有更多人把自己的經驗交給敘事的智慧。

此書的最初問世，我要特別感謝和我一起成長的小朋友們（譬如陳宗億），遠流的主編李佳穎及美術設計唐壽南耐心看那麼多遍（我懷疑他們看的時候帶著笑容！），還有邱惠瑛、林靜怡和黃孟嬌的協助、叮嚀與催促。最後要謝的是廖玉蕙教授的「善解」。

一九九九年六月

推薦序

少一點教訓，多一點分享

廖玉蕙（作家）

和楊茂秀教授結識於他的一場演講。那眞是一個特殊的經驗：所謂的「特殊」，不只是演講內容的引人入勝，也不只是楊教授說故事時自我陶醉的表情，而是其後的那一餐午飯。

演講過後，已近中午。原先說好要共進午餐的黃迺毓教授，臨時被抓去開系務會議。楊教授和我，踟躇半晌，決定還是維持原議，一起吃個簡單的午餐。他點了炒餅，我叫了木須麵。和一位陌生的男子吃飯，原本就讓我感到十分緊張，食物又遲遲不來，我把所有可以說的話都傾倒過後，終於看到侍者捧了一盤貌似我熟悉的木須麵的東西過來，我得救似的，急急接過，在楊教授閃現一絲狐疑的眼光及緊接著的熱情催促下，便老實不客氣的先行吃將起來。等到五分鐘過後，眞正的木須麵端來時，大錯業已鑄成！他的炒餅已經淪陷進我的肚腹。那眞是一次既尷尬又難忘的初識！他見識了我的迷糊，我則由他開心的大笑裡，印證了傳說中的赤子之心。

始於食物的認識，果然充滿了家常的氣息。從那以後，幾乎每個星期六的早晨，我們便習慣以電話相互問候。電話裡，我們慣常交換一星期裡聽到或看到的故事，那樣的交流，常常對我有很大的啓發。有時，我忍不住在午後的演講中引用他說的小故事，或在文章裡加以闡述，雖然都註明了出處，但還是不免有些類似剽竊的心虛。楊教授知道我的心情後，總是開心且大方的安慰我：「歡迎多多使用！」

研究兒童哲學的他，有著孩童般的赤子之心，我覺得這正是通往兒童心靈世界的最佳鑰匙。在下著滂沱大雨的端午節午後，我捧閱《我們教室有鬼》裡的文章，隨著他娓娓道來的故事，時而大笑，時而泫然。童年彷若久遠的傳奇，便如此迤迤邐邐的延展了開來，而心情也就如屋外的雷電暴雨，紛紛錯錯，澎湃洶湧。

如果我的解讀沒有太大的錯誤，這本書在肯定兒童發展的無限性的同時，也強烈傳達出對制式教育的焦慮。雖然文字輕鬆易讀，迥異於一般哲學書籍慣常的繁複難解，但所涉及的主題卻一點也不輕鬆！不過，儘管焦慮，楊教授仍是一貫的童心未泯：他傾聽純眞可愛的童言稚語，許之爲天籟般的聲音；他回首尷尬難馴的童年記憶，不斷地反思琢磨，以成就他完整的哲學體系。他期期以爲不可的是以大人的有限思考來侷限孩童發展的無限可能，這和晚明時期李卓吾的〈童心說〉可說有異曲同工之妙，都在揭櫫「絕假存眞，保持童心」的可貴品質，而這似乎也是今日台灣教育最大的盲點；他亟欲傳達給父母及師長的「分享」觀念，也正是我近日來在文章中努力闡述的目標，期待在教養孩童的過程中，少一些教訓，多一點分享。因爲教訓只會帶來怨懟，分享卻往往海闊天空，而這又彷彿常爲台灣的父母所忽略。他的文字常能切重要害。

身爲一位長期關心教育、卻常覺有心無力的教育工作者，眞的很高興看到這樣一本書的問世。楊教授用文字履踐他的學說：拈出問題、提出建議，卻不以權威自居，或斬釘截鐵地開出藥方。我們由書中看出更多更廣的討論空間，就像我們嚮往的教育方式：有著無限的可能！

引子

到學校第一件事是尿下去的孩子

〈我為什麼常常舉手〉

我的老師問好多問題
我不知道問題的答案
可是
要是你不舉手
他就老是叫到你

〈我畫的豬跑掉了〉

我的朋友撿到一包土

那時
我正在讀書

我的朋友在我家做土
那時
我正在畫一隻豬

他做三個人
現在只剩上半身
至於我的那一隻豬
畫完就跑了
你一定要相信
原來
我的朋友做的那三個人

看見我畫的豬跑了
就拔腿急急去追

結果啊
泥土太鬆
他們的下半身追去
上半身至今還
留在我的書架上
一臉十分驚訝的樣子

你來看
你一看就知道
我說的是真的
因為

他們的樣子
就是　看見畫出來的豬
被自己的下半身
追著跑的樣子

上學與受教育

爲什麼我們要上學？

上學爲什麼一定要到學校呢？

我們能在家裡上學嗎？

我們能在街上或是市場裡上學嗎？

上學跟受教育好像是兩個很不一樣的觀念。有些人上過許多學校，從托兒所、幼稚園到小學、中學、大學、研究所，得了博士，甚至也做了博士後的研究，還是沒有什麼教養。有些人雖然一輩子沒有上過學校，或是只有小學畢業，行事作風卻是溫文爾雅，能力高超，不只對人類，對自己都做了很多讓人賞心的事，而且做他的親人也能在日常生活裡安樂沒有擔心。換句話說，是一個非常有教養的人。

可見，上學跟受教育是兩個很不一樣的觀念。

這個世紀初，波士頓有一個小孩，他在上幼稚園的時候，每天到學校，就跟學校的小朋友一起做許多團體的活動。他最常做的事就是聽老師說故事。規規矩矩的坐在地毯上，聽老師說故事，唸故事，練習做各種句型。

有一天，他不小心尿下去了，褲子濕濕的。學校在社區裡面，老師就叫他自己回家換褲子。

他往回家的路上走去，發現那些沒有上學的朋友，有的在樹上，有的在樹下，有的在挖泥，有的在觀看蝴蝶，一個一個都在追逐快樂。等他換了褲子以後，他就不想回學校了。

他發現學校外面比學校裡面好玩多了，而且可以學到好多種遊戲，又沒有大人管。

從那一天開始，他每天到學校，第一件事就是：尿下去，然後回家，過快快樂樂的校外生活。

他再也不願意留在學校的地毯上聽老師說故事了。

這個人往後的學校經驗一直都不好，他主張受教育跟上學是截然不同的兩件事。學校與其說是在幫助小孩，不如說是在阻礙小孩、控制小孩。他主張把學校廢棄。他的主張使我想到好多事，而那些事大部分不值得在這邊談，值得談的只有一個故事。

這個故事是誰寫的？什麼時候出版的？我已經忘記，我只記得故事的大概。

故事◎倒塌的圍牆

有一個小學，上課時，學生都到了，可是老師還沒有來，校長也還沒有來。前一天晚上來了一陣大風，把學校的圍牆給吹垮了，隔壁是一個公園，沒有大人管，這群小孩就越過倒塌的圍牆，跑到公園去遊戲。

後來，老師來了，老師叫他們進教室上課。可是，有什麼比放棄自由嬉戲回教室去上課更困難的事呢？

老師叫他們，他們不回去，老師只好親自到公園去追他們。唉呀！有幾個老師可以追得到學生的？而且是一個追一群呢！後來，校長也來了，胖胖的校長，當然就更追不到學生囉！

到了中午，午餐的時間到了，餓肚子的小孩、老師與校長，都帶著疲憊的身體，回到教室。吃飯之前，校長在講台上走來走去，他在訓話。

「你們知道錯了嗎？」校長說。

小孩心裡想：「我們不應該離開學校，但是，圍牆倒了，我們怎麼能夠忍得住不出去呢？」

「老師叫你們回來，你們怎麼不回來？」

小孩心裡想：「回來做什麼呢？」

「你們讓老師跟校長這樣追來追去成什麼體統？」

「成什麼體統我們不知道，」小孩心裡想：「可是上課的時間，能在公園裡玩，眞好啊！而且又有老師來追，連校長也來追，他們都追不到我們，沒有比這個更快樂的了。」

「你們現在爲什麼回來呢？我知道你們都是好孩子，你們知道錯了，對不對？」

小孩想：「我們沒有錯，我們只是肚子餓。」

校長接下去又說了一些話，包含原諒他們的話。接著，他才默默的大步走下講台，走出教室。留下一教室的小孩狼吞虎嚥吃著東西，和坐在教室的角落挖鼻孔的老師。

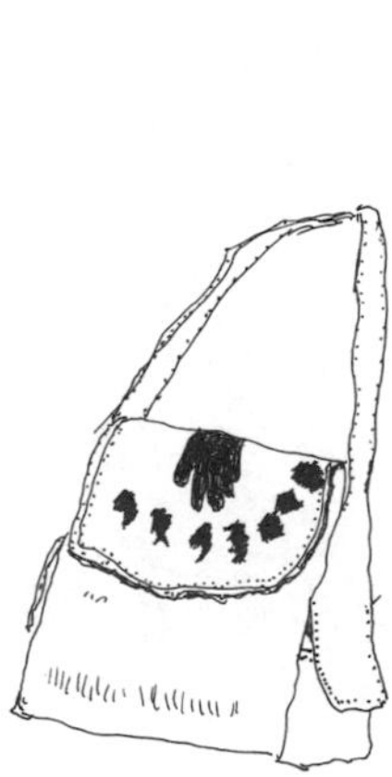

01

我們教室有鬼

〈你不在家時〉

我到你家時
你正好不在
客廳裡的東西都和平常一樣

靜靜的
坐在它們中間
我等你

你久久不來

你的東西一樣一樣
爭著跟我說話
它們說你的好
它們說你的壞
它們說許多故事　是
你自己不知道的你自己

你不在時
你家充滿你的故事
比你在時
有趣多了

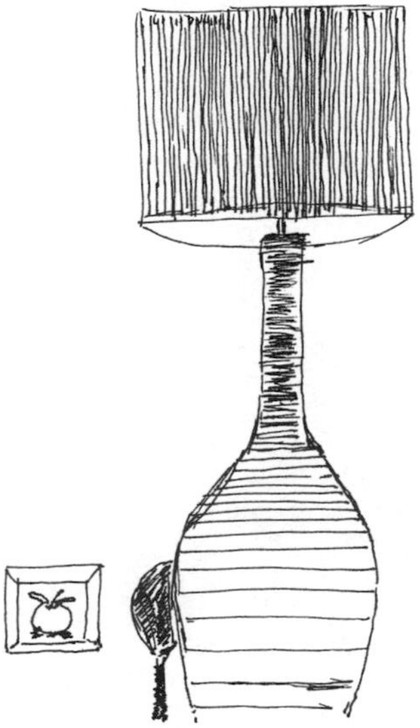

我會再來
真的
我走了
回來時　請給我打個電話

〈你信不信〉

蜥蜴是人的親戚
你信不信
不信

那我再告訴你
蝴蝶是烏龜的親戚
你信不信
不信

那我再告訴你
這是最後一個秘密
猴子是人類的親戚
你信不信

信

你當然信
書上這麼寫
你當然信

哼
書上寫的
你就信
那我問你

你和我　我們兩個都是神經病
你信不信
你一定要信
不信的話
我就不再跟你玩了

有鬼！

在毛毛蟲兒童哲學基金會的研究室，我們幾個人坐在榻榻米上，討論下一個小時要跟小孩說的故事，漢勳跟昆倫雙雙衝了進來。

邱老師說：「請你們兩個出去，我們要討論故事，等一下上課要用的。」

「爲什麼只有大人可以在這裡討論，我們也要。」昆倫說。

「我們教室有鬼耶！」漢勳接著說。

我心裡想：我們在榻榻米間討論故事，和他們教室有鬼有什麼關係呢？

可是，靈光一閃，我想到前幾天邱老師對我說：你應該和漢勳、昆倫談一談，他們最近常常說他們學校有鬼。才想著，他們兩個就來到我的跟前，我轉念一想：跟他們談一談，比準備等一下要說的故事更重要吧！我用眼光詢問一下我的同事們，他們以點頭回答我。

「你們學校有鬼呀！說說看。」

兩個孩子都搶先要說，哥哥先說了：「我們國語實小，你去過嗎？」

沒有等我回答，他繼續說：「我們教室的講台後面，有國父像。你有沒有看過國父像？」

沒有等我回答，他又繼續說下去：「你注意看他的眼睛，他的眼睛也會一直看你。我試過很多次喲！我跑到窗戶邊，他看著我。我跑到門邊，他看著我。我躲到桌子底下偷看他，他也看著我。我跑到哪裡，躲到哪裡，他都會看著我。唉！躲不掉的啦！國父不是去世很多年了嗎？怎麼還會在教室裡一直看著我呢？你說是不是有鬼！」

我們大家都體驗過類似的經驗，可是把他當作有鬼，這讓我們幾個大人，忍不住笑了起來。昆倫看我們笑，就更興奮了，接下來輪到她說了。

「我們學校是國語實小，你去過嗎？」她說的句型，跟她哥哥的完全一樣。事實上，她也是讀國語實小。

沒有等我們回答，她繼續說下去：「我們的禮堂有鬼，我們畢業典禮的時候。」

「妳畢業典禮？」邱老師知道她才二年級，用好奇的口氣問。

「是啊，我幼稚園畢業典禮的時候，我們在禮堂的講台後面，有一個很大的國父像，旁邊還有國旗。你注意看那國父像……」

我以為她要學她哥哥的話，她很敏感，立刻覺察到我的想法。她不等我喘口氣，接著又說：「你以為我要說『注視他的眼睛』對不對？」她要笑不笑：「不對，你注意國父的嘴，好像要笑，好像不笑，你要是開始數一、二、三、四，一直數到九十九，他就笑出來了。唉！國父不是死掉很久了嗎？怎麼還會到我們禮堂來，要笑不笑，而且還笑出來。我們禮堂一定有鬼。」

這下我們四個人，忍不住笑出聲來。

「嗯，那看起來是有鬼囉！」我說。

「不只禮堂有鬼，我們的校園也有鬼！一進校門就看到了。」

我們大家都現出好奇的眼光，漢勳看看我們，像一個很會敘述故事的人，在等待更好的時機接下去說。「校門口有一座蔣公的雕像，你黃昏去的時候，那個雕像好像往這邊轉，往那邊轉。」他說的時候，身體學著雕像直直站著，然後，左右轉動。「石頭做的雕像怎麼會轉動呢？而且蔣公不是死掉很多年了嗎？他的雕像在我們學校動來動去，你說是不是有鬼。」

「那眞是有鬼耶！」我們幾個大人異口同聲說，研究室裡戲劇的味道更濃了。兩個小孩這下坐不住了，站了起來，在榻榻米上走來走去。

「我們現在的教室有鬼！」

本來是漢勳要說，昆倫用手推一推她哥哥：「我先說，我先說，我們那一天上課，上到一半，咻！黑板不見了。」她的手由上往下做出黑板不見的樣子，「黑板不見，出來一個銀幕，然後呀，書本上的動物、人呀、什麼的，通通都上去了，像在演皮影戲那樣。你看，黑板怎麼會突然消失，變成銀幕？書上的東西，怎麼都跳到上面去演戲？這不是有鬼嗎？」她越說越急，說到後來直喘氣。

「有鬼有鬼。」我們幾個大人異口同聲說。

「你們都相信，那太好了，我們學校真的有鬼，你一定要相信。」漢勳說到這裡，停頓了下來，注視著我，他的神態好像是在告訴我：準備好了嗎？接下來我要準備說一個讓你們吃驚的事喲！

他在榻榻米上走動幾步，然後慢慢說出下面這一段話：「我們那一天上課，上到一半，咻！老師的頭斷掉。」他右手舉起來，從右到左急急一切，好像把一個頭掃掉的樣子，「頭不見了，這個斷頭的老師，還一面上課，一面找頭，在教室裡走來走去。」

說故事的，聽故事的，全部都安靜下來。

老師上課沒帶頭

後來，我把這一段過程寫下來寄給《成長幼教季刊》，季刊的總編輯保心怡老師在電話中告訴我說：「楊老師，你用這個故事，來描寫台灣的教育。把台灣過去幾十年的教育寫成，老師上課沒有帶頭。」

我記得我的回答是：「沒有啦！這是小孩說的話。」

我們檢討過，那兩個小孩最近聽我們說過一個斷頭的故事，就移花接木，將很多的經驗都編進去了，我只是將他們的話記下來而已。

四一〇教改總指揮黃武雄教授，在遊行前一個禮拜，在花園新城的桃李館遇到我，邀我跟施寄青老師（編註：現已過世）一起主持遊行最後在國父紀念館舉行的晚會。晚會上的開場，我把剛剛那段經驗說了出來，贏得了在場參與群眾的喝采。

可是，台灣的老師，在過去幾十年，上課眞的沒有帶頭嗎？眞的一面上課一面找頭嗎？我不斷的在反省這件事，也和許多喜歡這個故事的人討論過。

漢勳的經驗：被國父的眼光盯住，無從閃躲的感覺，大家都有。研究視覺藝術的人告訴我，畫肖像的時候，如果把兩隻眼睛畫成平行直視，沒有焦點，那看它的人，不管站在哪一個位置看，都會覺得肖像是在注視他。明白這個道理，教室的鬼就眞的消失了嗎？

我們的教室，多少年來，一直都沒有什麼大的改變：一張黑板、四面牆，和排得滿滿的桌子。起先，教室前面的牆上，掛的是國父像。教室後面的牆上，掛的是總統蔣公的像。後來，有的教室加上蔣經國的像，再加上李登輝的像。現在，有的教室就只剩下國父的像了，有的是連國父的像也沒有了。但是，教室牆上的標語，寫的方式、貼的方式、標語的內容，都還差不多，大部分都是一些訓誡和鼓勵的話。

有位老師告訴我，他注意過許多教室的標語，最常見的是：失敗爲成功之母。

我們一般學校的教室，用簡單一句話來說，就叫「家徒四壁」。

教師業不只是一種表演業

英國哲學家羅素（Bertrand Russell），在當國會議員的時候，有人提案主張要降低英國教師的薪水，因爲他們只工作九個月，卻領十二個月的薪資，而且，即使是在學期中，他們在學校的時間，也比一般公務員短，假期又多。羅素反對。他從對教師這個專業的瞭解去提出他的主張。

他認爲：教師雖然上課的時間，比公務員上班的時間短；但是，教師做的除了教學外，還有研究。他要有相當多的時間做準備，就像一個表演者，當他登台表演的那一刻，是要經過多少事前的預備與演練？養成一個良好的教師，不會比養成一個良好的醫師來得更簡單。一個教師，從事教學的整個過程中，他的生活，他的研究，其實都是在做預備。所以，他認爲，教師不只不該減薪，還該加薪。

我贊成羅素的見解與主張。

教師業基本上是個表演業，我更贊成教師的表演需要「場」的預備，需要其他條件的配合。而且，教師的備課，包含不斷的反省與研究，他們不只是表演者，他們是園丁，又不只是園丁，而且是植物學家。

我們的教育，幾十年來，師資的培育有人重視了，教材的教法有人提到了，但教室的文化與教師的文化，卻很少受到重視。

一九八三年到八五年間，我在美國參與教師培訓的工作，發現他們的教室，是以班級導師爲中心，由導師依學生需要爲主要考慮，而形成某種教室文化。有點像是導師的書房，加上他的起居間。裡面有許多櫃子，可以擺放學生的物件和作品。而我們教室，一成不變的做法，使我們的教室變成學生們最後願意進去、最先想要跑出來的地方。如果，我們能夠把教室變成一個眞正的文化場，而且老師與學生是這個文化場共同的經營者……

但如何可能？

教室文化

一九九七年，我和台北市的一些小學老師，到台北美國學校的小學部去參觀。那時，我正在做教育部的一個研究案「有機教學與教室文化」。

我們參觀一個三年級的班，那個教室裡有書、文物和教具。最令我印象深刻的是，牆壁上有一張大大的台灣地圖，旁邊掛著許多錢幣（從清朝到現在），還有許多台灣水果和牛的照片，另一邊是許多台灣房子的模型。

那位導師是紐西蘭人，她說：「我們這幾個星期都在上台灣。」

另一個角落上，我看到二十本阿利基寫的《約翰的蘋果子》。教室的空間裡橫拉著許多鐵絲，掛著的是學生閱讀這本圖畫書之後做出來的圖畫書。鐵絲下面有一張編輯桌，是學生做書的地方。旁邊的一張桌子跟椅子，是讓不想做什麼的學生，可以休息的地方。

我們進去的時候，學生這裡一堆那裡一堆，正在做著事。

放學之後，我們跟那位老師有個座談。

曾經留學日本的盧本文老師說：「妳的桌子這裡一張那裡一張，椅子也是四散著的，妳要怎麼講課呢？」

珍妮佛，這位來自紐西蘭的資深老師，沉默了一下說：「我不講課，當我開口說話時，我的學生就停止學習了。」（I don't lecture them. When I start to talk, my students stop learning.）

回想上述那些經驗，我常常會浮現孔子跟他的學生們，在〈論語・先進〉那一篇中的景象。孔子有個學生想在風和日麗的時候，帶著一群年輕人及小孩，約十來個，穿著寬鬆的衣褲在山哪、水呀之間徜徉。孔子說，他很欣賞，那也是他要做的事。

教學應該散佈於生活的各個層面，不得已而濃縮到教室裡的時候，文化的氣息，以及師生共同活動的機會，就應該更濃重才是。

教師在學校裡，太少的預備，太多的表演，而且表演到技窮，必須要藉助「試卷」跟「不要講話」來營造令人難以理解的安靜，那……這個教育，恐怕比我們學校有鬼更可怕了。

02

樹爲什麼不說話

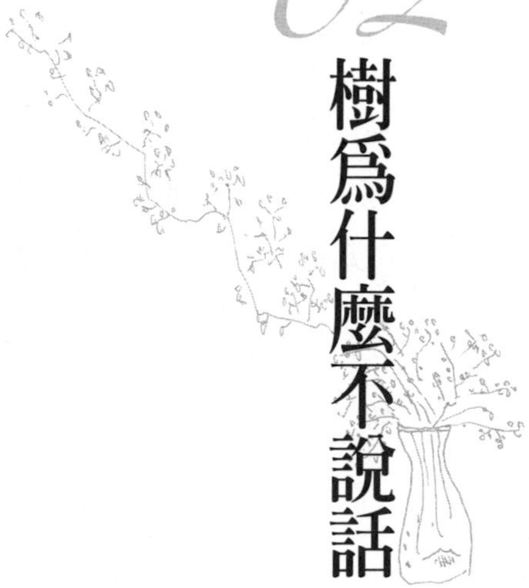

〈每一次我爬一棵樹〉

每一次我爬一棵樹
我總是磨破一條腿
或是擦傷一個膝蓋

每一次我爬一棵樹
我就發現一些螞蟻
或者躲避一隻蜜蜂

每一次我爬一棵樹
你到哪裡去了　他們對我說
難道他們不知道我是自由的嗎

爬樹是我最愛的事
看到一個鳥窩
裡面有一個蛋
或者是三個
每一次我爬一棵樹
我就看到好多東西

——大衛・馬果

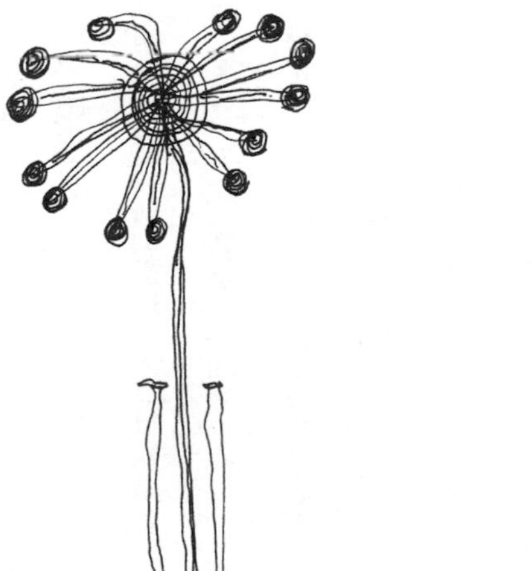

故事的芽苞

大約十年前，我和邱惠瑛老師，每個禮拜有一整天的時間，在台北市松山區黃培榮先生的北大幼稚園做教學實驗。

我們的實驗分成三個部分：清早，是和園裡的幾位老師，還有一些家長，進行探索團體的經營。我們讀一些故事，然後做討論，以故事做爲討論的引子，也提供給我們不同的思考典式。園長、主任、邱老師和我，還有不管哪一位家長，沒有人是不容挑戰的權威，我們什麼都談，但總免不了會把問題集中在子女的教養上面。

早晨實驗的目的，是建立在一個假定上面，那就是——團體的智慧，是要經過培養才會形成的。我們常說：要開放、要討論、不要太權威、要做孩子的朋友、要設身處地、要有同理心。可是這些都是說的容易做起來難，沒有經驗的大人，做起來會更困難。爲了要做一個能和孩子討論的人，我們必須自己先體驗這種討論的困難，養成夠好的態度，才不會一發不可收拾。

大約中午之前，孩子的父母都離開了，邱老師和我就留在五樓的討論室午餐和休息，並準備下午故事課實驗的討論。記得當時常來送飯的是羅綿絨老師，她放下飯菜的時候，總不會忘記說：「下午要討論什麼故事？」

下午，是我說故事的時候，孩子們剛剛午睡起來，空氣中瀰漫著尚未離去的夢境與睡意。當我說「從前從前」的時候，他們似乎才從另外一個世界回轉過來，卻又接著走入想像的世界裡去。

孩子都是小小的，大的不超過六歲，他們很愛聽故事，不管說幾個都是不夠的。他們起先靜靜的聽，然後不只身體要動，還要插嘴。就像維薇安・裴利（Vivian Gussin Paley）說的，故事聽聽就會想要自己說，說了還不夠，下一步還要演，演了不夠，就要把故事編到自己的生活裡，倒過來還要把自己的生活編到故事裡面去。

我們在說故事的過程中，常常會把一個故事說成一串，說得像一棵樹，因爲他們的插嘴，會把他們的生活也編進來。那樹一般的故事啊，就變得枝葉繁茂了。樹上不只有螞蟻、風、蝶，還有鳥巢，鳥巢裡還有蛋、有小鳥，注意聽的話，枯枝裡還有蛀蟲的喃喃細語。有的樹是果樹，開花結果，果實甜美，掉下來還會生根冒芽。

說故事的過程，也不是完全都那麼好，有時候選的故事不對，或者演奏的方式錯了，「好無聊喔！」「不要聽！」的聲音，就會此起彼落。永遠都會有一些小孩，不安於位，像是脫韁的野馬，有時說著說著，也會有收拾不了的時候。

記得有好多次，我們說不下去了，中途變換成其他活動，可是，小孩總是喜歡聽故事，下一次當我說出「從前從前」的時候，他們的眼神又往故事的世界迷盪過去了。

幾個月下來，我們都覺得愉快，我們等待那個時段的到來，不管是大人或是小孩。其中有很多片段，雖然珍貴，要回憶還是得要有適當的刺激才會活鮮，唯獨陳宗億的〈樹爲什麼不說話〉，讓我記憶非常深刻。

有一天下午，天氣有點悶，好像外面下著小雨，我剛剛講完西非奈及利亞的民間故事〈東西說話〉，陳宗億的手就高高舉起來，大聲說：「我要說，我要說！我有故事要說。」

接著好多小孩這一句、那一句的急急從不同的角落，如雨後春筍般冒出來，說的是同一句話：「老師，不要讓他說，他的故事會很長，說不完啦！」我決定讓陳宗億說，他一開口，他的同學除少數幾個，大都安靜的聽下去。

以下是陳宗億說的故事：

故事◎樹為什麼不說話

樹爲什麼不說話
我要使樹說話
我拿一支粉筆
在樹幹上畫一個臉
樹沒有說話

我每天早晨起床
都拿粉筆在樹幹上畫臉
我高興的時候
就畫一張高興的臉
樹沒有說話

我難過的時候
就畫一張難過的臉
樹沒有說話
我生氣的時候
就畫一張生氣的臉
樹沒有說話
我哭的時候
就畫一張哭的臉
樹沒有說話
我笑的時候
就畫一張笑的臉
樹還是沒有說話
可是

有一天早晨
我起來拿粉筆
還沒有畫上去
樹就開始說話

而且　不止是樹說話
草也說話
花也說話
石頭也說話
貓啊，狗啊，蝴蝶啊，書裡面的圖畫啊
所有的東西都開始說話了
只有人不說了
我的故事完了

聽我講一個故事

記得當時有些小孩說很好聽，所有的大人都很驚訝，我更是震驚得不得了。下課了，孩子們都到外面去玩，我趴在桌子上，記錄下他的故事。

他走過來說：「楊老師，你在做什麼？」

我一面寫，一面跟他說：「你的故事說得眞好，可惜你媽媽今天沒有來，我要把你的故事記下來，讓你帶回去給你媽媽看。」

不料，宗億大驚失色得雙手直搖。

「不要不要，不要告訴我媽媽，不要給她看，我媽說我都是亂說的。」大概看到我失望的表情，他拿了一張椅子坐在我旁邊說：「不過，你可以講給別的小朋友聽。」

接著，他要我把記下來的文章唸給他聽，他也做了一些修改，離開時還說：「說給別的小朋友聽可以，一定不要告訴我媽喔！」

第二個星期，宗億的媽媽來參加早晨的探索團體，我跟她講宗億的情形，她的臉上有複雜的表情，夾雜著抱歉，以及不知怎麼是好的神色。

她說：「宗億眞是太愛說話了，他隨時都想要講故事，有時家裡有客人，吃飯吃到一半，他會爬到椅子上站著說：『你們聽我講一個故事。』他的故事有時蠻好笑，有時聽起來莫名其妙，亂編一氣，實在不好意思。」

「妳有說他的故事都是亂說嗎？」我問。

宗億的媽點點頭。

邱老師當時在場，她半開玩笑說：「宗億媽媽，我很同情妳，如果我的孩子每天都要我聽他說，隨時要注意他的胡言亂語，我不短命才怪。」

邱老師的意見引起熱烈的討論。她慢慢的把她的想法說清楚一些：「在長期帶孩子的過程中，生活的磨練，讓我們慢慢體會到，孩子的潛能不是每一樣都必須被發展。我們必須流失掉某些東西，才能成就其中的幾項，這中間的掌握，就有賴父母的智慧。」她神情古怪的說：「嘿嘿嘿嘿……當然啦，還有幾分運氣啦！」

在眾說紛紜之中，我卻彷彿看見宗億說故事時，眼珠子亂轉、聚精會神創作的神態。

敘事智慧是各種智慧的基礎

陳宗億的故事與他說故事的過程跟場景，以及後來我們在父母的探索團體裡，對這個事件的討論，似乎都顯示出：故事、說故事與聽故事，在教育和生活的過程中，都很重要。

布魯諾（Jereme Bruno）認為：敘事的智慧，是各種智慧的基礎。依據他的說法：世界上的東西，相互間的關聯，有些是可以用科學來解釋，有些卻不是科學可以解釋的；而那些非科學可以解釋的，往往需要靠敘事的智慧來營造。

現在越來越多的研究，不管是文學理論、心理學，或文化人類學，都在強調敘事智慧在認知上、文化傳承上的功能及重要性。

蘇珊．恩潔（Susan Engel）在《孩子說的故事》（*The Stories Children Tell*）一書中表示：孩子說的故事，不管是風格、結構、內容和說話的方式，往往都比我們想像的還要豐富。只要我們用心聽，就能轉換角度來看待小孩、瞭解小孩。

孩子說的故事，不管是對老師、對父母，或是對研究的人都很重要，因為這些故事，可以讓我們看出每個小孩的想法和感覺。蘇珊．恩潔的說法和建議，聽起來很有道理、很溫馨，可是要做起來確實不容易。

在我們討論的過程中，邱老師對陳宗億媽媽的同情，很值得我們深思。教養的過程中，父母的角色多重且複雜，他們天天跟小孩一起生活，他們不能把小孩子一天到晚當王子與公主來對待。再說，孩子的話，孩子的故事，也不是隨時隨地，每一分鐘都充滿扣人心弦的重要意義。

教養中，父母如果不要把孩子的話，全當作胡言亂語，又無法鉅細靡遺的予以同等的重視，那要怎麼辦？

記錄孩子的故事

我想，每一個家庭，都有不同的智慧、方法與態度去處理。每一種對待，都會對孩子及父母或老師，產生影響。在我的經驗裡，我相信事件或經驗經過敘事之後，就成了故事。認真把自己的故事說出來，或者認真聽人家說他的故事，便是對人及故事最大的尊重。

但，這是在口傳文化的世界。到了書面文化之後，說的能夠被寫下來，「寫下」就是一種儲存。孩子通常還不善於書面的語言，大人如果能將小孩的故事，忠實記錄下來，唸給他聽或是唸給別人聽，甚至依據他說的故事加以重述，都是對孩子很重要的一個服務。

吳敏而博士曾經主張：小孩的故事創作先於故事。

如果在言說的語文能夠自由運用的階段裡，書面的語文尚未學會的時候，會寫字的大人可以當小孩的秘書，把他們的經驗述說予以記錄，那麼，他們敘事能力的發展便不會受到書面語文的限制。

就陳宗億的故事來說，樹爲什麼不說話？很多人都有樹的經驗（我是說在樹下玩、爬樹、採水果、欣賞樹或聽風吹樹所發出來的聲音），樹跟人的關係很密切，有很多故事跟樹有關。可是，宗億是一個六歲的小孩，他那時候是不是知道「樹不會說話」的道理？他會跟其他東西說話嗎？我們知道，小小孩對什麼東西都可能說話，也許宗億已經快到「樹不能說話」的階段了，可是，他怎麼會在那個時候說出那個故事呢？我一直覺得很好奇，到了現在我還是找不出原因。

印象中，當時我才說過西非奈及利亞的民間故事〈東西說話〉，我想，說不定他的那個創作，是受了〈東西說話〉那個故事的影響。可是，話又說回來，在場有幾十個小孩和十多個大人，就只有他說出〈樹爲什麼不說話〉的故事來，而且，爲什麼是樹，而不是花、草或是蘋果？

這些對我來說是神秘的事。我自己是寫故事的人，有時一個時期的創作，會受當時讀或聽的故事的影響，這其間的關聯，有時候想來，多半是想不清楚的。寫到這裡，我很想把那天說的西非的故事在這裡重說一遍，也許讀者可以從中找到關聯。

故事◎東西說話

有一個農夫帶著他的牛和他的狗，去園子裡挖山藥。

正在挖，卻聽到有個聲音說：「你平常也不來拔草，不來施肥，不來澆水，只是曉得要來收成，眞是可恥。」

他看看四周，沒人。再看看牛，牛瞪大眼睛回看著他。他以爲是牛說的。

狗說：「不是牛說的，是山藥說的。」

「你說什麼狗話！」農夫站起來折一根樹枝，就要打狗。

樹枝說：「不要把我拿來當打狗的工具。」

農夫趕快把樹枝放在一個石頭上。

石頭說：「不要把打狗的樹枝放在我身上。」

農夫一聽拔腿就跑，怎麼東西說話了？

他一直跑一直跑，沿著路要跑回家。

「你急什麼？跑成這個樣子。」一個賣布的男人，頂著一頭大布包，笑著對他說：「你是拉肚子，還是被鬼追？」

農夫說：「我沒拉肚子，也沒被鬼追。東西說話了。」

「你說什麼鬼話？」賣布的男人說。

「早上我去挖山藥的時候，山藥對我說：『你平時也不來除草，不來施肥，不來澆水，只曉得要來收成，你眞是可恥。』我以爲是牛說的。狗說：『是山藥說的，不是牛說的。』我折了樹枝就要打狗。樹枝說：『不要把我當打狗的工具。』我把樹枝放在石頭上。石頭說：『不要把打狗的工具放在我身上。』東西都開始說話了，這不是比有鬼來追還要可怕嗎？」

賣布的人說：「我不相信，怎麼可能，東西怎麼可能說話？」

說時遲那時快，一個聲音說：「怎麼不可能，我聽起來蠻有意思的。」這句話是他頭上的布說的。

賣布的人趕快把頭上的布丟在地上，拔腿就跑，兩個人在馬路上一直往前跑。

過橋的時候，有個人在河裡洗澡。

「欸！你們兩個急急忙忙的要去哪裡呀？下來洗澡吧！」

賣布的人指著農夫說：「他早上去挖山藥，聽到山藥對他說：『你平時也不來拔草，不來施肥，不來澆水，只曉得要收成，你眞是可恥。』農夫以爲是牛說的。狗說：『不是牛說的，是山藥說的。』農夫折樹枝要打狗，樹枝說：『不要把我當打狗的工具。』農夫把樹枝放在石頭上。石頭說：『不要把打狗的工具放在我身上。』農夫害怕，急著跑回家，在路上碰到我，我問他原因，他把他的故事說給我聽。我說怎麼可能，東西怎麼可能會說話。我頭上的布說：『怎麼不可能，我聽起來蠻有意思的。』我的布開始說話，太可怕了，所以我就跟著農夫一起逃過來。」

洗澡的人說：「你們眞是神經病，東西怎麼可能會說話！」

這時河水說話了：「你才神經病，東西一直都是會說話的。」

洗澡的人嚇得光著身子，跟著農夫和賣布的人一直跑一直跑，跑到村長家。

村長叫他們坐下來，洗澡的人把賣布的人說的話重說一遍，接著又說：「我原來也不相信東西會說話，可是，河水說東西一直都會說話，你說可怕不可怕。」

村長聽了又好氣又好笑，他說：「你們三個懶蟲，跑來說什麼荒謬的故事，趕快給我回去，挖山藥的去挖山藥，賣布的去賣布，洗澡的去把自己洗乾淨。」三個被罵的男人，垂頭喪氣的走了。

這時，只聽到一旁的椅子一起說：「這三個人眞是的，東西說話有什麼好大驚小怪。」這下換村長拔腿就跑，一面跑一面說：「我家的椅子說話了！我家的椅子說話了！」

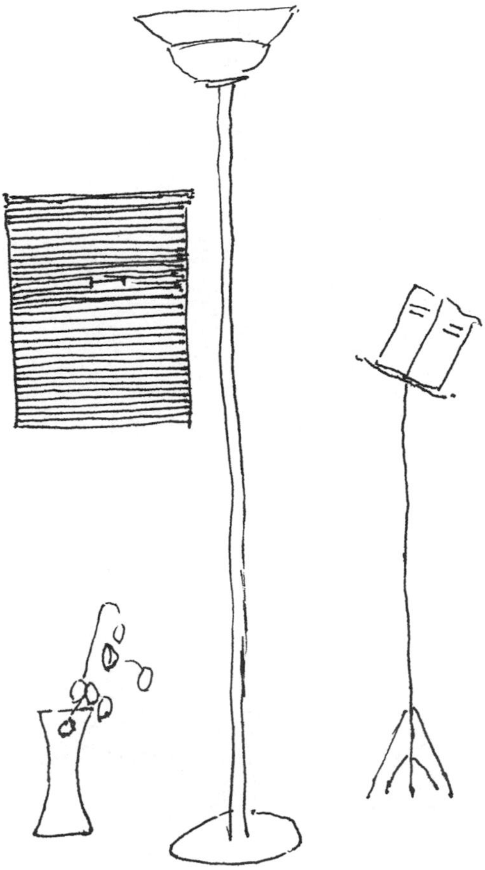

03

最合理性的驢子

〈貝殼在帽子上想什麼〉

貝殼在帽子上想什麼
白白的一列貝殼
列在　一頂
黑黑的帽子上
白貝殼在黑帽子上想什麼
白白的貝殼在黑黑的帽子上
想什麼

你說說看

〈樹下一隻母雞〉

一棵大樹倒下
沒有人在附近
如果沒有耳朵聽到
大樹倒下有聲音嗎

什麼先有
先有雞或是先有蛋
這是不切實際的問題
我們去問母雞
有些智者說
那不是牠們答得出來的

你問過母雞嗎
誰問過

在羅馬，據說有一個古墓碑，是十三世紀留下來的。上面刻了一行字：「這裡埋葬的是一隻堪爲人類理性典範的驢子。」

這句話，被後世的人編成一個故事。

故事◎最合理性的驢子

十三世紀的時候，傳說有一位名叫布里單（Buritan）的天主教神父，養了一隻驢子。他用非常合理的方式養育牠，訓練牠。他要把牠養成一隻合乎人類理性最高標準的驢子。

當驢子快成年的時候，爲了檢測自己的養育方法，他做了一個測驗。

測驗是這樣子的：他把驢子的四肢綁在四根柱子上，讓牠的頭可以左右上下自由擺動。驢子餓了，想吃東西的時候，他在驢子的左右各綁一束稻草，這兩束稻草距離驢子的嘴巴相等，香氣一模一樣，色澤一模一樣，大小一模一樣，綁的方式一模一樣，形狀也是一模一樣。他想測驗這隻驢子到底會先吃哪一束。

這隻驢子眞是理性的驢子呀！在條件完全相同的情況下，牠沒有辦法決定要先吃哪一束。因爲，要先吃哪一束，要有充分良好的理由支持牠的決定。這隻飢餓的驢子，一直都找不到理由可以支持牠的決定，牠不斷的問自己：先吃左邊呢？或者先吃右邊比較好？牠一直無法決定。就這樣，餓死在這兩個問題之間。

布里單神父認爲牠眞是人類理性的典範，雖然牠是一隻驢子，牠的一切行爲都是深思熟慮的，即使是在最飢餓的狀態下，食物擺在牠的面前，沒有良好的理由，寧願餓死也不下判斷。所以，布里單神父在這隻死去的驢子的墓碑上，刻上「這裡埋葬的是一隻堪爲人類理性典範的驢子」。

如果你到了羅馬，不要忘記，去看看那個墓碑。

教育者設計的假機會

從二〇〇六到二〇〇九年，我有幾次到義大利，不管是去參加波隆納的國際書展，還是爲了翻譯羅達立（Gianni Rodari）著的《幻想的文法》尋求協助，我都刻意到羅馬小住，而且，每次去，都不會忘記抽時間去找尋那隻驢子的墓碑，想要親眼目睹「這裡埋葬的是一隻堪爲人類理性典範的驢子」的拉丁原文。我一共去了三次，都沒有好運氣，迄今尚未找到。下次再到羅馬，我還會去找。

陪我去找的神父提醒我，說不定根本就沒有這麼一個墓碑，七、八百年過去了，碑石就算有，也可能風化爲塵土了；又說不定這只是一個虛構的故事。我想，即使是虛構的故事，也隱約蘊含著唯心論的哲學智慧——一切操之在我。這隻驢子缺乏的，正是這個冒險精神。

美國哲學家威廉·詹姆斯（William James）說：這隻驢子是一隻該死的驢子，因爲，牠的選擇是個愚蠢的選擇。在飢餓的狀態下，先要選擇的是「吃」或「不吃」。一旦選擇「吃」了之後，牠只要把頭往任何一邊轉，轉向的那一邊，距離牠的嘴巴立刻就縮短了。在其他條件都不變的狀況下，距離近一些的一邊，就是牠吃那一邊的良好理由，以支持牠接下來的行動。可惜，那隻驢子一直讓自己處在沒有辦法做決斷的情況，久了，就等於是選擇「不吃」，結果就是餓死。這隻驢子不知道牠自己也是選擇的「客觀」因素，應該被納入做抉擇的考慮。

詹姆斯表示，有很多時候，負責教育的人、擁有權威的人，常常爲了達到目的，設計一些假機會。用俗話來說，就是設計個圈套，誘騙接受他們教育的人、受其權威影響的人，在他們的設計之下、圈套所及，不管選擇什麼，或者不選，都會落入設計之中，落入圈套裡面。這就是假機會。

舉例來說，許多父母，爲了誘使小孩吃青菜，他們就提供兩盤青菜，然後說：「你要嘛吃高麗菜，要嘛吃波菜，自由讓你選，不能說我沒有給你選擇的機會喔！」

菜叫我不要再吃菜

曾經，我在朋友家做客，這種情形發生了。

小孩抗議說：「兩樣都是青菜，我不要吃。」

「一定要吃，不能不吃。」爸爸說。

「那我要吃香菇和烤蛋。」

「可以。但是，要先吃波菜或高麗菜，吃了才能吃別的。」

「爲什麼？那會吃太飽。媽媽說只能吃八分飽。」

「那妳問楊爺爺，小孩是不是要多吃青菜？」

小孩望著我，怎麼辦？我沒多說，舉起筷子，夾了好多高麗菜和波菜放在我碗裡，開始吃，嘴裡都是菜，不方便開口說話。小孩還是望著我，怎麼辦？我只好繼續吃菜，兩小盤青菜差不多被我吃光了。

小孩笑了，她說：「楊爺爺，你很喜歡吃青菜耶，可以每天來我們家，青菜都給你吃，好嗎？」

「好，好，妳媽媽烤的青菜眞是好吃！」我們大人都微笑了，小孩糾正我的判斷：「不是我媽媽烤的，是我爸爸炒的。他每天都炒，我吃太多了，吃到那些菜都叫我不要再吃菜了。楊爺爺，菜有沒有叫你不要再吃菜了？」

「菜都叫我多吃菜。」

爸爸說：「楊爺爺喜歡吃菜，妳要學楊爺爺。」

小孩說：「可是，我是小孩，又不是老人。多吃菜會不會很快就變成小孩老人？」

接下來的談話，都是大人之間的溝通、解釋、詮釋。小孩下桌走開了。

和朋友們談論這段餐桌戲劇，我心想，好多人，尤其是爲人師表、擁有權威的人，或爭取政治權利的人，常常設計假機會，已經是一種習性。他們的思考風格，除非能夠洗心，否則是難以不用複雜的問題，以追求單一的答案。而幼弱的社會新成員——小孩，裝備的「智慧」是以單純的問題，以求取複雜多元的答案。

如果我們的社會能夠尊重小的、弱的，能夠傾聽他們單純的問題，不用複雜的問題去打壓眞切求眞的問題，相信，我們慢慢就會有下面這段話描述的境界，要在這塊土地上出現：

「提出眞正的問題，不太像是把門閂閂好，有內外之分；比較像是播一粒種子入土，假以時日，在陽光照射下，風吹、水足，得以生根、發芽、長葉、開花、結果，長出更多的種子，得以綠化思考與觀念的原野。」

04

羅素的公雞與歸納法

〈沒有別人〉

有人可以教你ㄅ、ㄆ、ㄇ
有人可以教你加、減、乘、除
有人可以告訴你怎麼騎腳踏車
　多練習就好
可是
沒有別人
能告訴你要喜歡什麼

有人可以教你怎麼買票乘車
有人可以引導你讀地圖
找到昆明與大理
天文學家陪你仰頭看天
　述說星星的故事

可是
沒有別人
能告訴你去愛誰

阿婆可以教你怎麼醃梅子
舅舅可以教你怎麼捉青竹絲
媽媽可以教你兩頓飯中間
　可以做什麼事

可是

沒有別人
能告訴你怎麼去感受

　　因為
　　你的感受是你的感受

整個大千世界
沒有別的人
像你那樣子　感知你的感受

〈如果你……〉

如果你不抬頭看天上的星星
你的夢就不會跟你走到天邊

如果你不用盡全力信

你就只有靠眼睛才看得見
如果你不認真愛到痛
你不會知道愛的力量
如果你怕冒險
你就永遠不會知道你的心是
怎麼在跳舞
如果你確信沒有神奇
世上的事就多半與你無緣

一九八六年冬天，我在美國賓州柏克諾山區的環境教育中心，主持一個環境教育與哲學討論的研討會。在一次討論的過程中，我們提到羅素，這位「愛他的人愛死，

恨他的人恨得咬牙切齒」的哲學家。

那一天，我講了一個有關他的故事。這個故事其實不是他自己寫的，是我依據他的學說，寫成一個有關公雞的故事。

說完那個故事之後，我提到羅素的一句話：「如果你看到你丈母娘的上半身，出現在你的窗戶上，依據歸納法，你可以大膽的推論：『窗戶下的下半身，也是你丈母娘的下半身，不會是別人的，也不會沒有。』」沒想到，我的學員們立刻哄堂大笑，他們的眼光都注視著我身後的牆壁。我回頭一看，忍不住也哈哈大笑起來。

原來，牆壁上掛著的，是一頭公鹿的上半身（頸部跟頭部），但牠的四肢跟尾巴不見了。那是一個重視思考遊戲的場合，有人開玩笑的立刻跑到小木屋外面去尋找，當然，我們的討論就這樣暫時休息了。

現在，我把那個故事重說一遍。

故事◎哲學雞之死

據說，羅素養雞。

他養一隻小公雞，他定時定量的餵養牠。公雞越來越大，樣子非常可愛，他常常帶牠散步。

羅素散步的時候，總是做很多冥想。他會把心中想的不知不覺地說了出來。那隻雞，因爲常常跟哲學家散步，聽了許多智慧之言，所以樣子看起來是一隻智慧雞的樣子，尤其是牠偏著頭用一隻眼睛看你的時候，很像羅素的側面。

哲學界的人，尤其是研究歸納法的人，都知道這隻雞，因爲，牠後來就是死於對歸納法的信任。

事情是這樣的。

聽說有一天，有一位外國來的年輕哲學家，去拜訪羅素。羅素是好客的人，可是星期天沒有一家商店是開的，他打開冰箱，冰箱空空的。好客的羅素，不知如何是好。他趁客人午休的時候，努力的想：怎麼樣才能夠無中生有呢？在家裡想不出來，想著想著，不知不覺他就走了出去。他手拿枴杖，頭戴呢帽要去散步，他的公雞立刻就跟了上來。

在散步的路上，羅素想到解決問題的辦法了。

回到家，他拿起搖鈴，在廚房附近搖了搖。鈴聲三響，公雞就出現了。牠知道，羅素每一次要餵牠的時候，都先搖鈴。可是，今天羅素非但沒有餵牠，而且，伸手一抓，就把這隻雞捉在手上。羅素眼露凶光，雞很聰明，一看就知道羅素要殺牠。

「主人，你要殺我？」

羅素點點頭。

雞說：「不公平，你這樣不公平。」

羅素搖搖頭，什麼也沒說。

雞接下去說：「難道歸納法不可靠嗎？」

羅素轉頭，他擔心客人被吵醒。

雞說：「請你把手放鬆一點，讓我把話說清楚。」

羅素把手鬆了一點。

雞說：「從小，你養我，給我地方住，帶我散步。每一次餵我之前，你都搖鈴，然後給我吃東西。依據歸納法，我知道只要你搖鈴，就是我吃東西的時候。剛剛你又搖鈴了，依理，該是我吃東西的時候，我就來了，而今你卻要殺我。難道歸納法不可靠嗎？」

羅素什麼也沒說。手起刀落，斬下雞頭。

那一天晚上，他們吃雞的時候，客人看著桌上的白斬雞，開口說：「我吃素。」

羅素嘆道：「唉！我的哲學雞白死了。」

接著，他就把雞的話重述了一遍。客人說：「如果你當時先餵牠，再殺牠，歸納法不就可靠了嗎？」

羅素不知如何回答。

客人嘆了一口氣說：「我實在不能讓這隻雞白死。」

接著，他就夾一塊雞肉往嘴裡放，津津有味的吃了起來。

「你不是吃素嗎？」羅素問。

客人把骨頭吐出來說：「是啊！我吃素，但是我也吃葷。」

據說，這件事之後，倫敦的雞就不再啼叫報曉了。因爲，牠們沒有把握，第二天早晨，太陽會不會從東方升起。

散步的功用

羅素一生有很多有趣的片段，比如說他散步好了。他從小到老，每天都要花好幾個小時在散步。他有許多重要的思考，都是在散步的時候進行的。他一面將體力散發，一面將思考集中。他說，散步在他的生活中是不可少的。

我讀他傳記裡的這個部分，記起了美國哲學家梭羅（Henry David Thoreau）的話。梭羅說：「世界上有許多人經常在散步，可是會散步的人其實不多。」梭羅認爲：眞正會散步的人，散步的時候是在閱讀自然，看山看水，與樹跟石頭對話、交朋友。可是，一般人散步，思想反而關了起來，一直在做冥想。這不正是羅素嗎？可是，我們怎麼能夠說羅素是不會散步的呢！羅素的散步，更重要的是在觀看自己。

也許，散步不管是梭羅式的，或是羅素式的，都是好的。

閱讀他們這兩個人時，我正好是輔仁大學哲學研究所的博士研究生。我住在輔大耶穌會的修院裡，常常看到神父修士們，晚飯之後，在法國式的庭院裡，排成兩排，面面相對。一排往前，一排倒退走。不久，原來倒退的往前走，原來往前走的倒退走。如此，來來回回邊走邊說，閒聊著。很多次，我都有個衝動，想要加入他們的行列，但終究我沒有做。

輔大剛剛創立，在台復校的時候，校園寬大，學生很少，相對的教學的神父修女們就顯得很多。他們常常於清晨或黃昏的時候，在疏落優美的建築物之間散步。有單獨的，有三五成群的。他們的長衫長袍長裙，在晨露與晚風裡飄逸著。成群走的，大部分在說話；單獨走的，有的像是在健行，有的像是在沉思。印象中，研究美國文學的德國神父文納與哲學教授德國人柴熙，他們的皮鞋又大又重，走起路來好像是任重道遠的驢子。錢公博博士、王任光博士、李貴良博士、謝凡博士、吳振鐸神父等，他們的步伐在黃昏中，來回走得很快。

有一天，我問吳神父，他們爲什麼要這樣走？

他淡淡的說：「那是我們天主教修院生活的傳統。」

05 你們怎麼能夠買天

很多年以前，有一次，我乘西北航空公司的飛機，從美國回台灣，途經西雅圖。記得在西雅圖的上空，有個美國白人老太太，指著窗外的大地對我說：「眞是抱歉，我們的人汙染了你們的大地！」（她以爲我是印地安人。）我也就將錯就錯，順口說：「不要說抱歉，只要你們爲了你們的孩子，愛這片大地，就如我們愛它那樣愛，保持空氣與河流的乾淨，我們的記憶將永遠保持新鮮。」

「啊，你知道那個故事！哦，對了，你當然知道！」老太太眼中含淚說。

其實，印地安人也是蒙古利亞種的人，和我們一樣。所不一樣的是，印地安人對環保與生態的觀念與行爲，比我們文明多了。

西雅圖酋長的話

很久很久以前，我們現在稱爲亞美利加（北美洲）的土地上，居住著遠古以來就居住在那裡的民族，他們生活的軌跡差不多都已經消失到大草原的塵土裡去了。他們的子孫就是我們稱爲的印地安人。印地安人不是紅皮膚，他們跟我們一樣，黃皮膚。

後來，白人來了，他們從歐洲移民過來。

血腥戰爭開始了，不只是白人與印地安人的戰爭，也是白人與大自然的戰爭。不到一個人一生那麼久的時間，白人就宣布亞美利加是他們的土地，印地安文化的孩子，只能在白人留給他們的小片小片土地上生存。

當白人與印地安人的戰爭接近尾聲時，美洲西北部最偉大、最受尊重的印地安酋長西雅圖，坐在白人安排的會議桌旁邊，與美國首都華盛頓派來的「印地安事務負責人」簽約。美國要向西雅圖酋長代表的印地安人買土地。

帶著領袖的尊嚴，那偉大靈魂的光芒，從西雅圖的眼睛投射出來。他站立起來，以永恆回應永恆的聲音這麼說：

你們怎麼能夠買天？
你們怎麼能夠擁有大地和風和雨？

我媽媽告訴我
大地的每一部分，都是神聖的；
每一根松針、每一塊樹皮、每一片沙灘；
黑森林裡每一撮霧靄；
每一片草地和草地裡的每一隻細小的昆蟲；
所有的一切一切，都是神聖的，
所有的一切一切，都深植在我民族的記憶裡。

我爸爸告訴我
我知道流在樹幹裡的樹汁，
我也知道流在我血管裡的血液。

我們是大地的部分，而大地也是我們的部分。
撒播芬芳的花朵是我們的姊妹，
熊、鹿、大鷹，這些都是我們的弟兄，
巨石峰隆的山之浪和草原，
大白馬、小紅馬——所有這些等等
都是同屬一個家族。

我的祖先的聲音對我說：
閃閃晶亮的水在小溪裡流，
閃閃晶亮的水在大河裡動，
那水不是單純的水，是你的祖父的
祖父的血。
每一個湖裡盛滿那清水，清水反映出動搖的倒影
都有魂，都有靈，都述說著我民族的記憶。

那水裡的喃喃細語是你的祖母的
祖母的聲音。

河流是我們的姊妹和弟兄；
河流潤浸我們的渴口；
河流扛載我們的獨木舟；
河流餵養我們的孩子。
你們要仁慈善待河流，
如你仁慈善待你的每一個姊妹和弟兄。

我的祖父的聲音告訴我：
空氣是珍貴的，空氣將它的靈魂與精神
與支撐它、它接觸的一切分享。
風給我第一個呼吸，

風也接受我最後一口喘息。
你必定一定要特別對待空氣與大地，
崇拜它們，保持它們的潔淨，
使大地是人可以品嚐風之美味的地方。
那風中有淡淡的香甜，
而那香甜是草原上花開飄送來的。

當最後一個印地安男人消失的時候，
當最後一個印地安女人消失的時候，
他們的野性也就消失了。
他們的記憶只是飄過
大草原上空的雲彩拋下的影子。
那時候，
那海岸，那森林，都還在嗎？

我族人的精神，還存留一點點下來嗎？

我的祖先對我說，而我記得清楚：
大地不屬於我們，我們屬於大地。

我的祖母告訴我：
你怎麼受教養的，
你就怎麼去教養你的小孩。

大地是我們的母，
凡降臨在大地的，必降臨在
大地所有的子女身上。
請聽我的聲音，請聽我祖先的聲音。
你們族人的命運，我不明白，

也許是一個神秘。

所有大草原上的所有的野牛
都被殺光時，
怎麼辦？
所有的野馬都被馴服時，
怎麼辦？
森林裡神聖角落充滿人的氣味時，
世界會變成什麼樣子？

收成的季節，成熟的季節，
人爬上山崗，看過去，
都是天線，
那時候，

世界會怎麼樣？

叢林哪裡去了？沒有了。
巨鷹哪裡去了？消失了。
我們向奔跑如閃電的馬匹說再見。
人們不再打獵了，
世界會變成什麼樣子？

我告訴你們，
那將是生活的終止，求生的開始。

我們知道：萬物都有血脈相連。
我們不編織生命的網，
生命的網上我們是一小段，

凡我們對那生命的網做的，
就是在對我們自己做。

我們愛這大地如嬰孩愛他的母親的心跳。
如果我們賣你們這大地，請照顧它，
如我們照顧它那樣：
保持大地的記憶，
讓大地的記憶在你的心田活鮮。
保持大地、空氣及河流的潔淨，
為了你們的子孫，
愛它。
愛它，如我們愛它那麼愛。

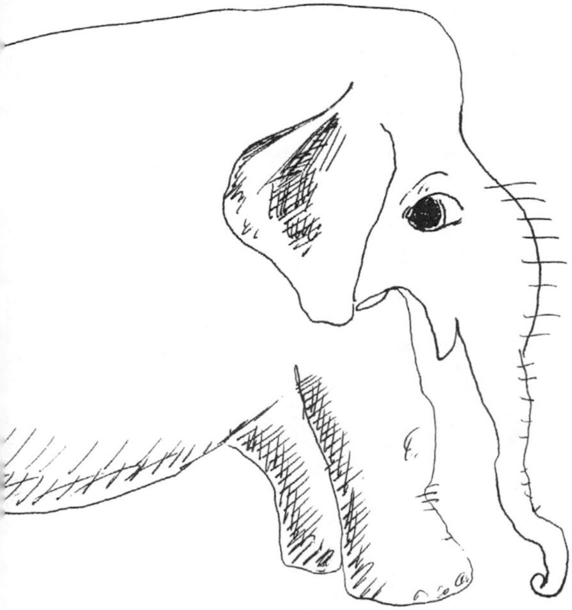

西雅圖酋長這一席話，大概是在一八五〇年代說的。那時候，誰知道環保？誰講究生態？

尊重自然的教育

五十多年前，台灣鄉下的垃圾都有分類。我記得我祖父常常提醒我們，要將人的排泄物，牛、羊、豬、雞、鴨、鵝等的糞便，果皮、草葉等，堆在一起，做堆肥。廢鐵、玻璃、銅線，以及報紙，集中放在一起，賣給收破銅爛鐵的人。我祖父常說：善待垃圾是致富的第一步。

什麼時候我們這麼浪費了？一小粒糖要用幾層紙來包裝！什麼時候開始，我們把所有垃圾混在一起，裝成一袋，丟到街上去的？

小時候，我在花蓮，上山去玩，遇到「水源禁地」的紅牌子，立刻止步。現在，水源地也常常成爲眾人休閒的場所，人去了，垃圾也跟著去了！

我們給小孩的教材，很少要人尊重小的東西，更不用說要人尊重其他動物或植物，至於山川、石頭或樹皮，那就更不用說了！

台灣應該也有像西雅圖酋長這種先賢，他們的話留在哪裡呢？在我們耳朵旁邊的風裡嗎？

有人告訴我，他們在台東、花蓮、屏東等偏遠的山海之間，原住民的長者之中。其實，在我們許多人的家中、鄰居中就有。他們沒有特別的樣貌或高矮，只要我們學會察言觀色，善於傾聽言外之意，懂得尊重老的和小的，就很有機會認識他們。

06 我經過的幾次處罰

〈回頭看到的〉

我不肯睡午覺
老師叫我　去站在角落
面對牆　不准回頭
站到上課

牆白白的
我好想回頭

可是老師不許
牆白白的
我好想回頭
我偷偷回頭

嘻
同學都趴著午睡
老師坐在那裡
挖鼻孔

〈蜘蛛老師〉

有一隻大蜘蛛
在窗外開一片店
亮亮的絲

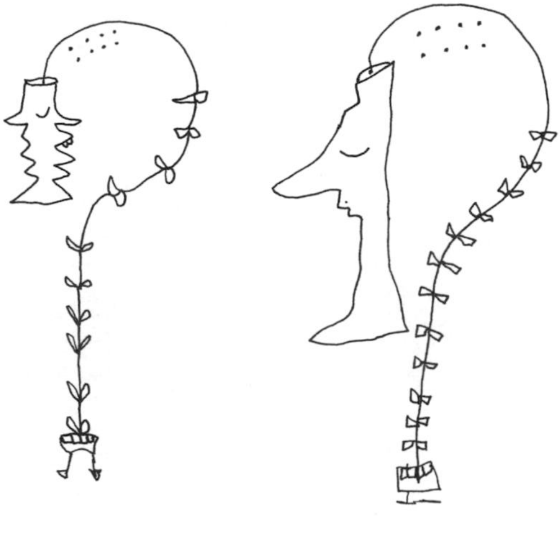

串一張水珠的地圖
上門的蚊子　蒼蠅　蝴蝶
都好安靜
一個一個像是六年級的男生
蜘蛛老師
你
好
厲
害

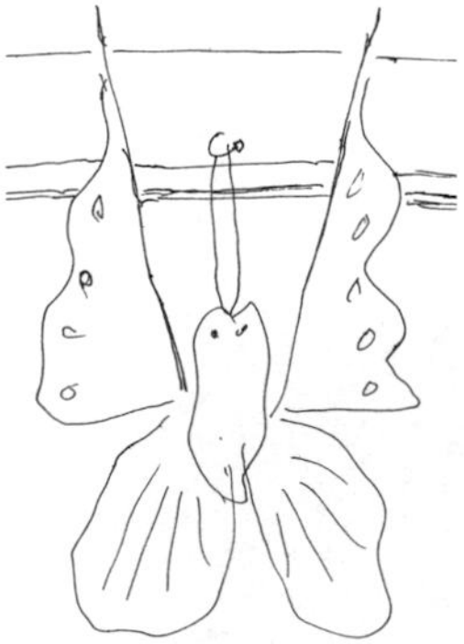

「處罰」這個詞彙應該從教育的辭典裡拿走嗎？

這好像是教育哲學裡一個永恆的問題。

在許多老師及家長聚會的場合，我問：「誰沒被處罰過？」

沒有人舉手。

「誰沒處罰過小孩？」

舉起的手，總是七零八落，而且還舉得不太直。

「大聲訓他，算不算處罰？」有一個媽媽這樣問我。

「我的孩子很皮，我該不該打他？」另一個媽媽這樣問。

對於處罰，實在不是「該不該」可以回答的。我的工作，免不了要跟許多父母老師討論處罰的意義。經常的，我跟人家討論這些問題，或看到孩子被大人處罰時，我就會想到小時候被處罰的經驗。

我不是一個乖孩子，小時候很皮，做錯事被處罰是家常便飯，下面有幾則令我記憶深刻的事。

孩子生氣，有理

小時候，我家住彰化二林原斗，從我們的村莊走到學校，大概要半個鐘頭。每天早晨我都能夠「富有」半個鐘頭，因爲那時我的口袋裡有兩角錢（我的零用錢每天都是兩角），到了學校，我一定把它花掉。那時候的兩角，可以買四個大糖球，一個就可以含上半天。糖在嘴裡，面頰就像長個肉瘤。

姊姊也有兩角錢，可是她的兩角，總是存起來。她的存錢筒，就放在客廳的神桌上，每天早晨我看見她把兩角錢放在存錢筒裡，才和我一起去上學。

一天，家裡沒人，我把家裡的狗趕出去，關上大門，然後，偷偷的從姊姊的存錢筒裡挖出兩角錢。當然，沒有被人發現。

從那時候開始，我一而再、再而三的偷姊姊的錢。偷了錢，我就請客，買甘蔗，買糖果，請同學吃，當然我自己也吃。用現在流行的話來說，叫做「分享」。我的人緣也就越來越好。

「爸爸，我存錢筒裡的錢怎麼變少了？」一天，姊姊跟爸爸說。

爸爸直接反應道：「是茂秀偷的，叫他來。」

家裡有八個孩子，除了姊姊，還有七個，怎麼就說我呢？

爸爸問我，我承認了，接下來的就是一陣毒打。

媽媽看了心疼，叫我去廚房，幫忙燒火給她煮飯。（那是六十多年前的事，當時沒瓦斯也沒有電，煮飯燒的稻草結要不斷填加，煮一頓飯要燒一大堆稻草結。）我哭得好傷心，十分不服氣。

媽媽問我：「錢是你偷的嗎？」

我說：「是的。」

「那你活該被打，幹嘛那麼生氣？」

「可是爸爸沒有證據，他只是猜對而已。」

媽媽聽了，好像被什麼嗆到一下。

那天晚上，大家並排躺在榻榻米上睡覺。

「阿興，」媽媽只有在很嚴肅的時候，才這樣叫爸爸：「你看孩子們睡著了嗎？」

聽到這話，我就知道他們要講不讓孩子們聽的話了。我便裝出熟睡的樣子，還輕輕打著鼾。

「喜美的錢是我拿的。」媽媽輕聲的說：「今天放藥包的人來，最近我常頭痛，吃了許多阿司匹靈，我沒錢付藥包的錢，就從喜美的存錢筒拿了一些出來。」

「妳這婦人家，」爸爸突然從床上坐了起來：「孩子被我打成這個樣子，妳當時不說，現在說有什麼用？」

「好了，我知道了！阿興，你的孩子生氣，有理。」

「有什麼理？」爸爸說：「他也承認錢是他拿的。」

「可是，他說你沒有證據。」媽媽遲疑了一下，接著又說：「你是眞的沒有證據，你有證據嗎？所以呀，我才說他生氣有理！其實，放藥包的人並沒有來。」媽媽說完，躺下就睡。

「妳這婦人家。」父親的話語中，少掉了一些惶恐。他沒有再說什麼，不久，我就聽到他微微的鼾聲。

媽媽的智慧，以及當時我自己的心理反應，直到二十幾年後，在威斯康辛大學念法律哲學時，我才能夠瞭解：嫌疑犯自己承認的錯誤行爲，是不可以當成證據的。

敢說，又講得很明白

讀初中的時候，陸軍官校來我們學校辦理招生宣導，學校舉辦演講比賽配合他們。花蓮中學是個完全中學，初一到高三，每一班都得派代表參加，講題也都一樣，就叫「忠孝能兩全」。

星期六下午，午休過後。

從高三甲輪下來，同樣的題目，同樣的內容，實在是越聽越無聊。天氣又實在熱，可以感覺到現場沒有人不煩的，況且我們大家都知道，那是爲了配合軍校招生而舉辦的活動。

輪到初二丁班的代表時，我上去了。

記得當時，我一上台就向評判老師以及全體同學敬禮，然後，用非常勉強的標準國語說：「諸位評判老師，諸位親愛的同學，今天我要講的題目是——『忠孝能兩全』，『忠孝能兩全』。」和其他演講人一樣，講題重複講了之後，我把雙手往背後一剪，開始更大聲說下去：「我要講的，前面的大哥們都說過了，現在，我就不必再說了。完畢！」我下台一鞠躬。

沒想到，全場報以熱烈的掌聲，我們的訓導主任卻氣得兩腳直跳，七孔冒煙。他說要辦我。比賽的結果，第一名是初二丁班，那就是我。

我的老師郭威是講評人，他說：「楊茂秀的第一名是該得的，因爲，他眞的有話說，他敢說，又講得很明白。演講比賽最重要的是，『培養學生在公開場合，將自己眞正的思想，明白清楚而有效的表達出來。』他的表達非常明白且清楚，更重要的是，那是他當時眞正的想法。不像其他的人，講的都是背的，是爲了應付演講而寫出來的東西。」

可是，依當時的政治情況，雖然導師袒護我，我還是被教官和訓導處的工作人員視爲需要特別輔導的對象。而那是一種長期的處罰。

紅豆冰好吃嗎？

初中三年級，有一次週會，正値冬天，寒流來襲的時候。我們全校，坐在大禮堂裡聽演講，後排的一個同學開我玩笑，他把冰冷的手插進我的後頸衣領內，笑鬧的說：「楊茂秀，紅豆冰好吃嗎？」他一而再、再而三的捉弄我，我被他弄得煩死了。後來，冰手又插進我的衣領，我火大了，立刻用手去撥，還大叫一聲：「幹！」我萬萬沒想到，那竟是訓導主任的手。

「公開場合，以三字經辱罵師長」這個罪名，在那個年代至少大過一次，嚴重的話，就要退學。但退學，是要經過全校訓導會議通過才行的。

我的導師郭威認爲：「這個孩子雖然不是什麼乖孩子，但我覺得他不會壞到膽敢在週會的時候辱罵孫主任。」

他請求讓我在訓導會議中表達我的想法。

我說：「起先，有個同學一直把手放到我的後頸衣領裡，說是請我吃紅豆冰，是從氮肥場買來的（台肥在花蓮有氮肥場，他們製作的冰淇淋非常好吃，花中的同學經常買回來吃），天好冷，手指好冰，實在不舒服。我叫他不要這樣，已經好幾次了。後來，又有一隻手，小小的，我以爲又是同學的手，所以我就罵：『幹！』沒想到是訓導主任，可是他的手眞的很小，眞的很像同學的手。」

訓導主任在場主持會議，他的小手往桌上一拍，站起來說道：「我才沒那麼無聊，把手放到你的頸子，我是看你的衣領不端正，要去幫你整一整領子。」

孫主任爲人嚴肅，不過身材確實嬌小，全校的導師們聽到這裡，都不禁哈哈大笑，連孫主任自己都笑了起來。

郭老師這時說話了：「你看吧！這眞是一場誤會，是一場誤會。」

整理的手指，被誤會爲是撩撥的手指；罵同學的話，被誤會爲是辱罵師長的話。

還好有個明理的老師，還有一個有幽默傳統的校園，要不然……

沒事！

高中一年級的時候，我是高一甲班的服務股長。

每星期有一個下午，我們要做勞動服務，整理校園，我們班分配到的區域是科學館旁邊的草地。

草要割，可是教官給我們的工具是鋤頭跟畚箕。分發工具的是梁教官，我向他表示，工具不對。他大概是太忙了，就說：「給你什麼，就用什麼做！」

花中的校風非常開放，在那個環境生活了四年多之後，我竟然有勇氣跟同學說：「畚箕跟鋤頭不能割草，我們去海邊玩吧！」

降旗前，教官來檢查，當然不通過，他問我：「爲什麼沒做？」我把我的想法再說一遍。梁教官生氣的說：「你降旗之後到訓導處來。」同學們都很緊張的等在教室。

我去了訓導處。

底下是我記憶中跟梁教官在訓導處的一段對話。

「你知錯嗎？」

「我知，我沒錯。」

「你們的區域沒做，還說沒錯。」

「錯在畚箕和鋤頭沒有辦法除草，不是我。」

「狡辯！」

「誰狡辯？」

「我要記你一個小過！」

「不要！」

「那我記你一個警告！」

「不要！」

「那我記你一個缺點！」

「不要！」

「好，那回去，沒事！」

沒事！

怎麼可能？

我對梁教官從此另眼相看。回到教室，我把我跟教官的對話轉述一遍，當然是引來哄堂大笑。從此我們遠遠看到梁教官，就會說：「教官好。」

其實，梁教官的這種特性，在花中早已大大出名。他在處理事件的過程中常常會不斷的思考，而這思考，會直接影響到他接下來的處理方式。我從來沒跟他談過，可是，我可以想像，一個上校軍官，帶這些小蘿蔔頭，他難免犯錯。但，他在犯錯時，如果發現了自己的錯誤，當下就改正。

就這個事件而言，我的態度當然不是挺圓滿，是他發錯了工具，又沒有加以妥善的處理，才有後來的狀況發生。但他處理過程的自我修正，給了我一個難得的示範。

ㄇㄚ．ㄉㄟ！

我初二的生物老師姓曹。

曹老師有幾顆牙太長，講起話來的發音跟神態都有一點特別。我們的訓導主任姓孫，他常常頭戴瓜皮小帽，身穿深藍長袍。

有一天，生物課時，曹老師沒有來，同學們越坐越無聊。我們班上有一顆破掉的足球，我就把球的氣擠掉，當作瓜皮小帽，給一位姓王的同學戴。他演孫主任，我演曹老師。

我們到講台上演一齣曹孫對話。說啊說的，同學們笑得東倒西歪，有的忍不住跑上台來當配角，七八個同學就在台上熱烈而隆重的演出了。

突然，台下笑鬧的同學們沉靜下來，全都端正坐好。裝傻瓜的裝傻瓜，裝用功的裝用功，教室裡充滿忍住和忍不住的笑容和笑聲。我們繼續演了好幾分鐘之後，才發現孫主任跟曹老師雙雙站在窗口。

他們沒有多說什麼，轉身就走了。

接著，梁教官拖著長長的藤條，出現在我們教室門前。他問明始末後，叫我們八個人一字排開，站在講台上，雙手伸直，手掌朝上。他舉起藤條，依著順序，用力抽打我們的手掌。

打到我的時候，我突然把伸直的手往上一翻，手掌對他，做出阻止的模樣，同時大聲講出了一句日本話：「ㄇㄚ·ㄉㄟ（日語「等一等」的意思）！」

父兄受的是日本教育，在家中常以日語對話，但平常我其實是沒有辦法用日文表達什麼的，那時，不知道爲什麼我會說出「ㄇㄚ·ㄉㄟ」這兩個字。我更沒料到，梁教官竟然回答我：「ㄋㄚˇㄋㄧ（日文「什麼」的意思）？」

我接著又說：「不要打了，很痛，你知道嗎？」

只見梁教官的臉似笑非笑，然後，他拖著長長的藤條，走出教室，到門口的時候，才回頭說：「好！那就不打了，都下去。」

初中二年級的小孩，當時只覺得好笑跟奇怪，可是往後在我的回憶跟談論教養問題的時候，梁教官說「ㄋㄚˇㄋㄧ？」的神態，常常都會浮現在我的眼前。

他當然不會知道，從那時候開始，同學們被集體處罰的時候，我都是排在第一個。

我的塗鴉

07

我認識的兩個校長

〈粉筆跟黑石〉

我有兩隻貓
一隻走了
沒有回來
牠叫黑石
一隻沒有走
牠一天到晚睡
牠白白的　牠叫粉筆

粉筆很黏人
牠喜歡躺在人的懷裡
以為自己是人
或者　牠以為人是貓
我喜歡粉筆
我想念黑石

我要你們用功

由於工作的關係，不管在美國或是台灣，都有許多機會，跟很多校長接觸。每一次，不管是跟哪一位校長，談論或閒聊教育，我的心中都會浮現兩個校長的影像。

一位是我大學剛畢業時，所服務的那個學校的校長。

他高高瘦瘦，是個基督徒，每一次上教堂之前都要理一次髮。他的頭髮永遠油亮油亮，西裝永遠漿燙筆挺，他走路的步伐非常快，領帶老是在胸前盪啊盪的。那個學校，是一個有三十幾棵芒果樹的學校。校長的宿舍彷彿就在芒果樹園裡面。

「楊老師，歡迎你來，我們正好缺一個訓育組長，想請你擔任訓育組長。」他說。

「我恐怕不能勝任。」我回答。

「那就請你當高一丁班的導師。」他接著說。

「我只想教學，不想當導師。」我說。

「不當導師，就等於沒有當老師。」他的反應非常快速，而且口氣很誠懇。

後來，我就當了高一丁班的導師。

每天早晨，他都會站在學校門口，迎接學生。開學第一週的週會演講，我記得非常清楚，他說：「同學們，開學了！你們的父母要你們用功，我要你們用功，國家社會也要你們用功，所以你們要用功讀書。」

他的演講就是這麼簡短，週會也就這樣結束了。

我教英文課，一班二十三個人，用的是梁實秋先生主編的遠東教本。兩個星期下來，上課時學生們都出奇的安靜，秩序非常良好。

在出奇安靜、秩序良好的教室中，真的有學習在進行嗎？我懷疑。

有一天，我突發奇想，請他們一個一個在黑板上寫出二十六個英文字母。結果，沒有一個人能完整的寫出來。他們的英文程度，其實只是等於初學者，所以我請他們不必再帶課本來了，我把編好的進度完全放棄，我眞正把他們當初學者來看待！

於是，我們開始看英文圖畫書，共同朗誦簡易的童詩，聽錄音帶，唱英文歌，玩各種語言的遊戲。教室慢慢活潑起來，學生有了些微的進步，我們每個人都覺得欣喜。

一天，校長來巡堂，他看見了熱熱鬧鬧的教室，便走了進來。

他對我說：「楊老師，學生怎麼沒有用高一的課本？」

我把自己的瞭解跟做法告訴了他，並且讓學生用英文跟他打招呼。

他鐵青著臉說：「要是督學來查堂怎麼辦？你應該照著原訂的進度教。要是督學來查堂怎麼辦……」他反覆說著這些話。

走出教室之前，他用力大聲說：「要是督學來查堂，誰負責？」

我說：「我負責。」

他輕哼一聲，喃喃說道：「你負責！你負責！」就走開了。

當天下午，教學組長問我，爲什麼沒有照進度教。我又重說了我的理由跟做法。學期末了，那一班學生的英文，變成全校高一學生最好的一班。可是，到了下學期，我就發現自己已經成了地理老師。有個地理老師出國去進修，課沒有別人可以代。

看海比上課重要

另一個我經常想起來的校長，是花蓮中學的羅葆基校長。

花中在太平洋之濱，我在那邊讀了七年（留級一次）。季節性的，鯨魚群會從北方游過來，在花中附近的海域游玩。有時三三兩兩，有時一群一群，牠們浮出水面呼吸噴水的時候，像是移動的噴泉。我們喜歡跑到海邊去看，其實，不用去海邊，坐在最後一排教室，抬頭就能看見。

有的老師，課就不上，乾脆帶我們走過馬路，站在海邊看海和鯨魚；有的老師，看我們上課不專心，只是看海，就會假裝無事一般，繼續上他的課；有的老師，會讓我們把身子半轉，背對海面，不准看。

當時，有老師建議：「最後一排教室的學生，上課不專心，老是看海，不好！我們必須把圍牆做起來，擋住視線，上課才會專心。」

羅校長在週會對著全校師生宣佈：「我決定不做圍牆，因爲看海比上課重要！」週會的全場，我想，包括教官在內，都鼓掌歡呼。

我一想到羅校長，總是想到他的那句話：「看海比上課重要。」我後來曾在太平洋濱的學校教書，上課時，只要稍稍轉頭，就可以看到太平洋。經常的，我在看海的時候，會想起羅校長：他走在花中的校園，彎腰撿紙屑；他停在榕樹下，看校工修剪大榕樹；他凝望大海，看鯨魚群在海中翻躍成活動的噴泉……

每當和朋友或群眾談論教育問題的時候，記憶中對我影響深刻的人物，經常會浮現。我在心中盤想，如果這個問題羅校長在場的話，他會怎麼想呢？如果是某某人在的話，他的想法又會怎麼樣呢？

而對自己有過深刻影響的人，有些是實際生活中的人，比如羅校長；有些則是小說或故事中的人，比如《西遊記》裡孫悟空的兩位老師，菩提祖師與唐三藏。

08

自由學習與學習自由

〈自由〉

買個氣球給孩子
很好
氣球破了　那是
遲早的事　就是
不破
孩子只要手一鬆
氣球就飛了

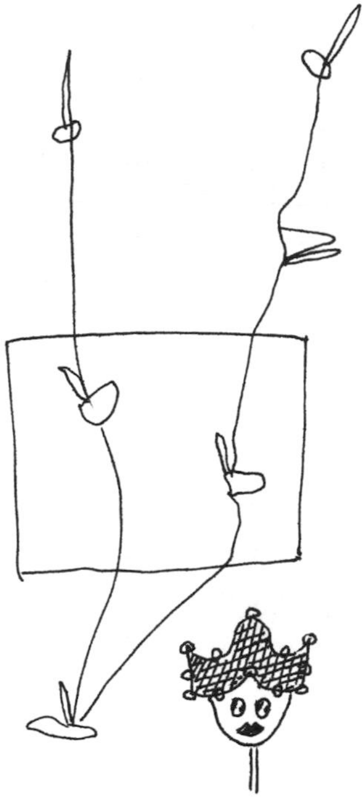

剛買的氣球
小孩就放鬆小手讓他飛了
做父母的很難不心疼
畢竟那是浪費錢的事呀
小孩卻高興得手一直拍　腳一直跳
爸　你看
氣球飛得好高
好漂亮　好漂亮
再買一個

漸漸
孩子學會不鬆手了
一個氣球可以玩半天
漸漸

父母學會怎麼放鬆一些了
氣球破了　要再買就再買
氣球飛了　也會抬頭欣賞高飛的自由
不再低頭責備孩子

熟悉不等於瞭解

你記得自己是怎麼學會「紅」、「紅的」、「紅色」、「紅色的」這些語彙，以及這些語彙所代表的概念嗎？

是老師設計的課程，按照課程設計一步一步把你給教會的嗎？很少人會記得自然語言的學習過程及其細節，尤其是學母語的時候。可是，反省一下，我們的學習經驗大概都差不多。

在生活中，父母指著一個紅色的東西，比如一個蘋果，說：「紅蘋果。」指著一塊紅布說：「一塊紅布。」指著流血的手指說：「手指流血了，血紅紅的。」在不同的場合、不同的時間，換句話說，在我們日常的語言環境中、語言的使用中，藉著經驗的提供，以及自己的主動想像，不知不覺我們就學會了。

我是說，我們在人家的使用中，以及自己的使用中，在不同的場合，在不同的時間裡，一再的練習，便學會了怎麼正確去使用。這叫做熟悉，由熟悉而會。

可是，「熟悉」的會，跟會了之後有了清楚的瞭解，是很不一樣的。

我們可能對一個人、一棵樹、一隻動物、一件事，或一種存在很熟悉，但並不瞭解。也可能有了瞭解，但是瞭解不清楚、不透徹。相對的，我們也可能對一個人、一棵樹、一隻動物、一件事，或一種存在，透過某一種理論或學說，有了瞭解，但並不熟悉，甚至感到很陌生。很多人有一種毛病，常常把熟悉當成瞭解，或把瞭解當作是熟悉。

「紅」、「紅的」、「紅色」、「紅色的」，這些語彙，以及這些語彙所代表的概念，我們熟悉了，我們也會用了，而且也用得很巧妙。可是，我們可能不明白，陽光底下的一朵紅色玫瑰花，放在絕對無光的環境下，是什麼顏色？我們也可能不明白，爲什麼紅與藍合起來，會得到紫？

你明白紅色爲什麼代表吉利嗎？紅綠燈爲什麼取「紅」代表停？爲什麼許多足球的守門員要穿紅色的球衣呢？

要瞭解這些，並不是單單靠對紅有關的語彙和它的概念的熟悉，所能達到的。我們需要其他的經驗，我們也需要其他物理的知識，比如知覺的瞭解、眼球的構造。我們要有分析的方法，我們要有相當的文化素養，再加上主動的想像力，才能達到夠好的瞭解。

可是，誰來提供這些呢？又怎麼來提供呢？

「信」與「疑」的學習

請反省一下我們這一方面的學習歷程。

我想，我們會的東西，學習的歷程，大概都可以分成非形式與形式兩個部分。非形式的是生活的、熟悉的；形式的是綜合性的、瞭解的。前者的細節，我們不太容易記得清楚，但是後者的學習歷程，我們通常是在課堂裡聽演講、看書，和朋友討論而來的。我們也知道，養成熟悉的過程，不可能沒有瞭解；而瞭解的過程，不可能建立在完全陌生的條件下。沒有瞭解的熟悉，是雜亂的；沒有熟悉的瞭解，是蒼白的。

不管我們的學習，是由熟悉進而得到清楚的瞭解，或是由清楚的瞭解進而熟悉，或者兩者同時發生，這裡都牽涉到一個「信和疑」的問題。

我說的「信」，在這裡指的是相信跟信賴；我說的「疑」，在這裡指的是疑惑跟懷疑。

我們教小孩拿筷子吃飯，教他怎麼夾菜，怎麼扒飯，我們不必說明，不必解釋，只是做給他看，邀他一起做，小孩也就照著做了。他做不好，我們再重複做給他看，讓他照著做，然後自由的使用。通常的小孩，不太在這個時候問「爲什麼」。他們不問爲什麼，不是他們不好奇，而是因爲他們信賴我們。由於這個信賴，人的很多技能，人的很多文化，可以不透過解釋，不透過說明，直接由做中學來傳遞下去。你能想像，一個孩子不斷在生活中問你「爲什麼」嗎？做父母的大概會煩死了。

維根斯坦（Ludwig Josef Johan Wittgenstein）說過：凡是解釋，都預設著訓練。通常，要解釋騎腳踏車所牽涉到的力學現象，是預設著會騎腳踏車。

在生活中，非形式的學習中，學習者如果對環境和教導的人失去了信賴之心，那麼，他主動的想像就失去了信心，學習也就困難了。

疑惑或是懷疑，與信念，是同一個概念的兩面。

當我們對人起疑心的時候，換句話說，就是對人的信賴，產生了問題。疑，也有另外一個意思：當我們的信念系統，不能解釋某一些現象的時候，或遭遇到困難，沒有辦法解決的時候，我們會提出問題。提問不是在句子的末端加上問號就完成了，它要有好奇，要有想要瞭解的心理驅策力，才會提出問題。

「信」加上「疑」，其實是學習很重要的條件。大部分的人，都在提「要有懷疑的態度」、「要有好奇心」、「要會提問」，可是如果對一切都不能信賴，我們要從何疑起呢？

十七世紀的法國哲學家笛卡爾（René Descartes），有一句很著名的話：我思，故我在。

笛卡爾把懷疑當作一個方法來看待，那是爲了建立懷疑的方法，他得假定一個思想的我的存在，那其實就是一種信仰。

「該映，瞇搜搜號」

十歲那一年，我家從彰化二林的原斗里，搬到花蓮縣吉安鄉的慶豐村，那是一個閩南語、阿美族語、日語、北京語、客家語，混合使用的村莊。

有一天，我和幾位新朋友到左倉公墓附近玩，看見有阿美族的小姐在野地裡採野菜。

「你去問她：『該映，瞇搜搜號。』她會很高興。」我的朋友告訴我。

我信賴我的朋友，不疑有他。問他們那一句話的意思，他們只說，那是一句很好的話。所以，我就把它背起來。

我走到那位小姐面前，盡量做出誠懇認眞的樣子，講出剛剛背好的那一句話，心中期望著她會笑臉相迎。不料，她卻怒目相視，把手中的野菜往我臉上砸過來，接著手掌一揚，我臉一閃，差點吃了一記巴掌。

我的那些新朋友們，全都哄然大笑，拔腿跑光光。

後來，我問我大哥，「該映，瞇搜搜號」的意思是什麼?大哥告訴我，那是說：

「小姐，我們來做愛好嗎？」唉！難怪我會吃野菜加巴掌。

從此，我對那些新的朋友，失去了非常基本的信任，他們再要教我什麼阿美族話，我都不相信了。而我的第一次跟阿美族人接觸的經驗，是不被信賴的，所以，後來我始終沒有什麼興趣去學阿美族語。

在母語及其他自然語言的學習過程中，原來環境中的老鳥，便是新鳥的典範。新鳥自自然然的會將老鳥視爲學習的對象。新鳥對老鳥的信賴跟信託，是學習的必要條件，不只是語言的學習如此，其他東西的學習也大致如此。

可是，人會言行不一致，人會犯錯，人會有惡意，人也需要幽默。因此，新鳥在信託中，也會得到教訓。他們對事物的懷疑與困惑，慢慢也會伸展到人的身上來。在大致可信的社會，我們對自己親身體驗到的，對自己的判斷，對自己依賴的人大致能夠信賴。但是，並不「盲信」。必要時，我們會要求理由，會去懷疑。養成在適當的時機，產生適當的懷疑，這是良好的學習者所必要的態度。所以說，「信」和「疑」，是學習不可或缺的兩個勢力。

學習→能力→自由

人光溜溜的單獨來到這個世界，沒有牽掛，沒有憂慮，不是原本就是自由自在的嗎？

不是。

誰都知道，幼弱的人，是最不自由的。幼弱的人要靠父母的養育和保護。人之原本不自由，是因爲人缺乏自由的條件和能力。後來人慢慢長大、健壯，也學會了與人合作的技能和語言，條件成熟了，能力增加了，自由度便增加了。

譬如，原先想要喝奶，只會用哭來表達，要依靠父母的猜測及協助才能喝到奶。後來學會說我要喝奶，便不必再用哭的了，這樣子自由度就增加了一些。後來又學會了走路及開冰箱，那麼，父母不在時，自己也可以去拿牛奶喝，這時自由度就更大了。可是有時冰箱空空，會開冰箱也無濟於事，接著就會拿錢去買牛奶，那自由度又再增強了。

人的學習會增加人的能力，這往往使人的自由不斷的擴增。

人知道學習的重要，可是世界上的知識那麼多，智慧無窮，我們怎麼知道要學什麼、先學什麼、怎麼學呢？於是有了教育專家，從人的環境，人的期望，人的歷史、文化、知識、技能等去考量，去爲人設計課程，安排環境，預備教材，培育師資。

可是，學習最重要的是學會學習。要學會學習，就要對自己的需要敏感。

對權威有所瞭解，不能盲信

自由學習重要的是，要人重視學習與自由的關係。更重要的是，要人重視學習者對自己需要的敏感性。

對學習痲木、對自由痲木的幼年，最需要的不是更強力的灌輸，也不是強力的限制他原有的自由。

人只要有語言，就一定有規範。我們需要理性，但是權威的存在，於生活環境中也是不可避免的。不管是一個孩子或是一群孩子，都不可能沒有規範。我是說，事實上，孩子都是帶著一堆信託、規範、合理的習慣，以及對權威的信奉，而來到學校的。許多人對自由學習的瞭解，受到對自由的誤解，而產生兩種相互糾纏的迷思：

第一，我們的時代是一個反權威的時代。英語的 authority 一字曾經被譯成權威，如今卻被譯成威權，從這個翻譯的改變，我們就可以看得出來，時下的文化氛圍，是多麼反對權威呀！

第二，人是不能沒有權威的。在生活中，有許多權威存在，例如：我們生病去找醫生，醫生是一種權威；我們要蓋房子去找建築師設計，建築師是一種權威；我們請專家協助我們決定某一些政策的取決，我們便是在訴諸權威。

我們有很多方面要依靠權威，卻不斷的高唱反權威的調子，為什麼？

我想，那是因為權威會錯，更壞的是權威會誤置。權威者會利用權威，會假借權威，以達成個人不該有的目的。

因為人會有惡意，會犯錯，會有私心，就通通應該死掉嗎？

我想不是。權威也不應該因為他可能會產生上述的毛病，就非消失不可。

權威有來自傳統的，例如皇帝的權威、長輩的權威；權威有來自法治的，例如行政首長的權威、警察的權威、法官的權威；權威有來自個人魅力的，如法國二次大戰之後的英雄戴高樂之於法國人；權威有來自專業知識以及高超的經驗，例如醫師、工程師及各類的專家、科學家。對他們本身的專業領域而言，他們都是權威。

學習的人，不是要沒有權威，重要的是要對權威有所瞭解，不能盲信。

聽信一個權威，要注意兩點：說話的人是誰；說的是什麼。

一句話的本身以及內容，可以經由理性與經驗來檢證或否證固然好，但是如果沒有辦法去檢證或否證的話，我們就要看說話的人是誰了。如果是可信的權威，便可以去試一試，但不能盲信。比如說醫事，遇到重大的診斷，一個醫生的意見，往往需要別的醫生的意見來比較。

權威所能造成最大的傷害，是權威的誤置。

比如說你生病了，卻去找獸醫，或是去找蓋房子的人，或是甚至去找很會殺豬的人，這是你自己去請教權威請教錯了。倒過來，有些人當權威當久了，比如一個好醫生，搖身一變，卻要對教育問題、建築問題，或法律問題，以權威的姿態提意見，這便是權威的誤置。

話又說回來，就是合理的、合經驗的、合法的、合情的，放對地方的權威，也仍然可能犯錯。

我們相信權威，不是因爲權威不會出差錯，是因爲我們別無選擇。

德國哲學家亞斯培（Karl Theodor Jaspers）曾經說過：「沒有權威便沒有自由。」權威不只是涉及自由，也涉及一個信賴的問題。如果一切都要提理由，都要說明，那麼從思考到溝通到行動的過程，將會非常的冗長，人會變得沒有空閒去生活。

自由不是無壓力

自由學習不是要反權威，不是要追求無權威、無壓力的學習。學習自由才是自由學習的精神。我是說，學習如何增加自己能力而獲得更大自由，如何在自由的條件下，更能在權威、理性、信念與行動之間，找尋適當的連線。

有些人會認爲，所謂的自由學習，就是讓學習的人在完全沒有壓力的條件下，進行學習的歷程。要瞭解這種信念，我建議我們深入反省一下自己所經歷的形式學習跟非形式學習的過程。

小時候我們學拿筷子、學母語、學走路、學繫鞋帶、學穿褲子，有壓力嗎？我們很容易就認爲都沒有壓力，我覺得這是一個迷思。

生活的需要本身是一種壓力。其實世界上的事情，沒有一樣不是在壓力下進行的。有物理的壓力，有心理的壓力，有外在的壓力，有內在的壓力。

壓力不可能沒有，主要是我們對壓力的感受如何。

有個小孩在學鋼琴，他並不喜歡練琴，可是如果他不練，他媽媽就生氣。如果他不練，他就體會不到進步的喜悅。他對鋼琴有興趣，鋼琴所彈出來的音樂讓他心醉，可是他不喜歡練琴。琴不練又彈不好，因此他要承受兩種壓力，一種來自內在的，他本身要好的壓力；一種是來自他母親的壓力，外在的。

講究自由學習的人，最反對的是母親的壓力。

但，母親的壓力一定是惡的嗎？

我們評量一個行爲，可以從三方面去看：第一是動機。母親爲什麼要他練琴？第二是方法。母親用什麼方式，對她的孩子施壓？第三從結果上看。施壓之後產生什麼效應？

我們評量一個行爲，要從這三方面取得平衡。

如果動機是良善的，比如說：她要他練琴是因爲她知道他不練，以後會很難過；

她也知道琴要彈得好，需要練，不是因爲要他在比賽中得名。方法上，她只是提醒，不打不罵，也不生氣，提醒也不太囉嗦，可是她知道她的孩子很愛她，她讓孩子知道自己會失望。而得來的結果，是孩子練了，而且獲得了良好的成果，不只有進步，興趣也更濃，變成會自動練琴。

那麼，這母親給的壓力，如何可能是惡的呢？我看不出來。

設計與規範

在形式的學習裡面，很重要的是設計。課程的設計、環境的安排，還有規範，這些都會牽涉到如何使一個幼弱的人，透過適當的安排、教導，或活動，變成一個更強壯、更自由的人。

有人說：常規是教學的靈魂。沒有常規不只是生活沒有次序，思考也不會有次序。人需要有規矩，講究自由學習的人不是要反對規矩，而是要講求規範形成的過程。希望一個學習氛圍的造成，能夠使得學習者不只獲得適當的社會化，也善於反省，而他的反省不只是反省事件歷程，反省別人的參與，也反省自己，更重要的是反省自己思考的歷程。

我們並不希望教導出一個只會抗議的人，或是我行我素、把社會當作只是自己的資源的人。我們更不希望教導出不斷的顯示自己的聰慧、進而掩蓋自己努力的歷程的人，使得學習者變成一種自信的英雄崇拜的對象。

在自由學習與學習自由的過程中，在我們的教育系統跟環境裡，好像還沒有得到該有的重視，也還沒有典範可尋。

教育改革的過程中，不管是政府辦的學校或實驗的小學，教改的勢力所影響的學校，大家都在反權威，都在設法增加學生學習的自由度。可是，我們「夠好的瞭解」和「該有的預備」，都還沒有出現呢！

我的塗鴉

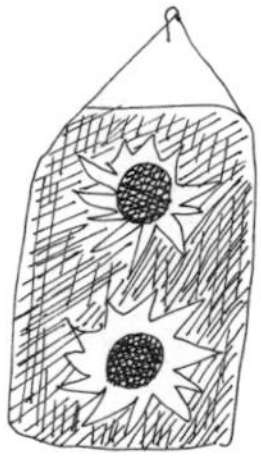

09 笑話、故事與哲學

〈大女人〉

我媽媽認識好多
大女人
大女人
到我家　說不到幾句話　就
脫衣服

脫衣服　光屁股
告訴你
我媽媽是裁縫師
她設計
內褲

〈發神經〉

我媽媽昨天發神經
她穿一件上衣
綠色的
她圍一件圓桌巾當裙子
綠色的
她照鏡子
她在屋裡走來走去

整個屋子充滿綠色的落葉
而　這是四季如春的台灣

你說
我媽媽是不是很神經
不得已
我只好拿一塊
大花布
圍出一條裙子
我也在屋子裡　走來走去
兩個人發神經
比
一個人發神經

好得多了

曾經有哲學家說過：人有了哲學問題，或是哲學思想，其實像是身體在發癢，發癢就想抓，越抓就會越癢。對哲學問題的思考，越想就會越深入，終究是一發不可收拾。

也有哲學家說過：人有了哲學問題要處理的時候，就像一隻蒼蠅掉到蒼蠅瓶子裡去，怎麼鑽都鑽不出來。哲學只是指引，要把掉入瓶子裡的蒼蠅引導出來。蒼蠅一旦離開瓶子，就自由了。就像一個人，若把哲學問題丟開，也就自由了。

這兩段話，開啓了一個傳統。要說開啓，不如說是提醒。因爲，自古以來，就有許多人在做這件事——以笑話跟故事來呈現哲學。

底下的六則故事，就是在這個指導原則下完成的。

故事◎山頂上的真理

這是一則猶太人古典智慧的故事。

從前從前，有一個男人，他的一生都很成功。太太美麗、賢慧、能幹，而且非常溫和。雖然孩子小時候，要他們操一點兒心，但現在長大了，還會反過來關心他們，而且經常給他們帶來光榮。

這個男人是個很會說故事的人，不管什麼事，經由他的口說出來，就會沾上一些些智慧的氣味，叫人聽了要比聽之前輕鬆許多，有時還會在心底深處添上些許的莊嚴。

他雖然能使家人跟朋友覺得快樂和莊嚴，但，他的內心深處，卻不是完完全全快樂的。

有一天，他對他的太太說：「我想去尋找眞理。」

他太太是個有智慧的人，嘆了一口氣說：「唉！你眞是人在福中不知福！」她凝望著他，停了停，接著又說：「不過，你若眞的要去尋找眞理，那就……去吧！」

這個人生成功，有才藝，充滿幸福，但不完完全全快樂的男人，聽了他最親近的人的話後，就動身去尋找眞理了。

他爬上山崗，走下深谷。

他從一個村莊到另一個村莊。

他在大海的邊緣，尋尋覓覓。

他進入沙漠的中心。

他在大城市的燈光下，探頭瞇眼。

他在一片荒涼的野地，小花開了又謝了的草原，度過晨昏。

一天又一天，一星期又一星期，歲月過了又過。他一切動作，都配合著「找尋眞理」這個主題。

有一天，他來到一座山頂。山頂上有個小小的山洞，山洞門口有個木門，木門裡面住了一個老老的老女人。

老女人滿臉都是皺紋，白白頭髮幾乎要垂到地面。但她的眼睛卻是烏金烏金，如兩粒星星一般。她空洞洞的嘴只剩一顆牙，另一顆牙卻被她變成耳環，掛在左邊的耳垂上，風一吹，就隨風搖盪。她因爲長年沒有洗澡，身上透出榴槤的氣味。她的手上腳上的關節都特別圓大，皮包著骨，緊緊綳著。

當她看見這個比她年輕得多的男人時，就立刻打開木門，請他進來給他茶水喝。

她的話語，像歌，像清純的泉水，像冰涼的果汁一般，緩緩流動。

她問這個男人：「你是誰？怎麼會到這邊來？」

這個尋找眞理的男人說：「我是一個成功而不快樂的人。」

「喔！成功而不快樂，怎麼會？」

「我……要尋找眞理。」

這個老老的老女人聽了眼睛一亮：「眞理，喔，眞理。我就是眞理，我的名字就叫眞理！」

男人這下快樂了，他要求能夠留下來同她一起住，他要向她學習眞理。

就這樣，他跟著眞理一起學生活。

他是眞理的學生，在教與學的過程中，時間一天一天、一年一年地過。

到了說再見的時候，這個男人站在小山洞的門口，對他的眞理老師說：「眞理老師，我敬愛的眞理老師，妳教我這麼多，我要下山去了。我要把妳教我的東西，去教給別人。」

男人接著又對老老的老女人說：「除了教別人妳教我的東西之外，我還想替妳做點什麼。」男人誠懇而認眞的對他的眞理老師說：「妳有什麼希望嗎？妳要我替妳做點什麼嗎？」

眞理臉上的皺紋，好像蚯蚓一樣動了起來。

她的頭髮在風中張揚著。

她舉起瘦瘦的雙手，摸摸自己瘦瘦的雙頰。

她手指彈一彈掛在耳垂下搖晃著的那一顆牙齒。

「我有一個希望，一個幾乎要被我忘記的希望。」眞理的眼睛望向遠方，慢慢的說：「我希望……我希望你在跟別人提起我的時候，請告訴他們，我是年輕又美麗的十八歲姑娘。」

故事◎半條毛毯

從前從前，有一個老老的老男人，他的兒子結婚後，生下了一個小孩。小孩子小小的，很可愛，有時在地上爬，有時在搖籃裡睡覺。

老男人老老的，一天到晚只是在家裡走來走去。除了吃飯、睡覺，什麼也不會做。

兒子心裡想：這麼老的人怎麼還不死掉？如果他離家出走不回來，那有多好啊！有一天，他終於把他自己想的說了出來：「爸爸，你在同一個地方住那麼久了，你不煩嗎？走吧，你到別的地方去住吧！你去哪裡住我不管，路很大很廣，你上路吧！你走吧！」

小孩靜靜躺在搖籃裡，搖啊搖，他的呼吸均勻順暢，好像什麼事都沒有發生。

小孩的媽媽請求她的丈夫：「天那麼冷，你要你爸爸出走，至少也要給他一條毛毯帶去吧。」她丈夫說：「一條毛毯？太多了吧！若要給他，半條就夠了。老不死，凍死算了！」

小孩的媽媽突然站了起來，堅持的說：「你太過分了，你要給他半條，那留下的那半條要做什麼？」

她的丈夫停了半晌，說：「好吧！看妳一片孝心，那我就把整條毛毯都送給他好了。」

這時候，他的小兒子突然開口說話了，這是他第一次講話：「爸爸，不要聽媽媽的話，照你原來的決定去做，祖父那麼老了，給他半條毯子就夠了。老不死，凍死算了。留下的那半條毯子，等你老的時候，要離家出走的時候，好給你用。」

故事◎老祖父小小孩

有一個很老很老的老男人，他的眼目花花，看不清楚；他的耳朵背背，聽不明白；他的膝蓋虛弱，不停顫抖。每當他坐在餐桌邊吃飯時，手拿湯匙，搖搖晃晃，握不穩當，湯水、肉汁、醬油，滴了一身都是。

他的兒子看了討厭，他的媳婦看了也討厭。

「你到廚房角落，爐子的邊邊去吃。」他的兒子這麼說。

他們給他一個舊舊的碗，只裝半碗，不夠吃。他總是抬頭，一面吃一面搖，望著餐桌上豐盛的菜肴。

他的手不停的發抖，碗掉落地面，破了。他的兒子和媳婦都罵他，羞辱他。他只是嘆息。

他們買了一個木碗給他用，但只裝三分之一給他吃。

有一天，他們夫妻兩個帶著小孩在院子裡玩，小小孩兒東奔西跑，到處撿木頭，若撿到大一點的，就把手中小一點的丟掉。

他的媽媽心中覺得奇怪：「噯！你撿那些木頭要幹什麼？」

「我要做木頭湯匙，做木頭碗，等爸爸和媽媽老的時候，給你們用！」小孩說著，繼續撿木頭。

這個小孩的爸爸和媽媽，也就是那個老人的兒子和媳婦，聽了話後，沉默了許久，雙雙放聲大哭。

從那天開始，他們請老爸爸回到餐桌邊，全家一起用餐。老人的手還是發抖，湯水、肉汁、醬油，還是灑得一身都是。可是他們一句重話也不會說，就連：「沒關係，換下來洗一洗就好了。」也不會說。

老人嘛！這些是再自然不過的了。

故事◎英國金童

從前，英國的鄉下有一個扒手，他是一個成功的扒手，扒了很多錢，而且沒有被發現過。但他不滿意，他不滿意自己只是做一位沒沒無聞的鄉下扒手。

他要將他的專業帶到倫敦去發展。

有一天，他在牛津大學的大街上，突然發現自己的記事本被扒走了。「嘿！誰這麼厲害？竟敢在太歲頭上動土！」他用專業的眼睛，認眞找尋。他看到一個金髮美女，年輕又高雅。

「金頭髮的，美麗的，高雅的，不一定不是扒手。」他這麼想，而且他看得出來，就是她動的手腳。

於是，他跟蹤她，將自己的記事本給扒了回來。

就這樣，他們認識了，彼此都很欣賞對方的手藝。爲了更大的發展，他們一起研究，一起創造新契機。最後，他們決定成爲事業的伙伴。

合作了一陣子之後，他們發現：只要是看得到的，他們想要的，他們都可以輕輕鬆鬆的扒竊到手。

鴻圖大展之後，這個金髮女郎對他說：「哥哥，我們兩個是全倫敦最好的扒手，如果我們結婚，生個小孩，小孩有我們的遺傳，再加上耳濡目染和用心教導，那……他就絕對可以成爲一個舉世無雙的扒手了。」

他們結婚了，他們生子了。小小孩兒，紅紅的，很可愛，是個男孩，可惜這個紅孩兒天生殘缺。

你一定以爲是惡有惡報，因爲他的右手彎曲，抱在胸口，五根手指頭緊握成一球，就是不張開。他們多方努力，紅孩兒的那隻手就是不伸直，手指緊緊握成一球。

這兩個什麼都扒得到的父母，非常沮喪。

「他這個樣子，是成不了好扒手的。」他媽媽說：「他的右手臂不能伸直，手掌緊握成球，人家是不會把東西塞到他的手裡讓他去扒的！」

於是，他們把孩子送去醫生那兒。

醫生說：「孩子還太小，等長大一些才能矯正。」

可是，他們等不及了，他們到處去尋找名醫，尤其是小兒骨科的醫師，花多少錢他們都不疼惜。他們知道，這個紅孩兒的右手，比任何外科醫師的手更能賺錢。

有一天，他們找到了一個一流的小兒骨科醫師。

他爲小孩做檢驗，他說：「小孩的心跳正常，血流順暢，眼神靈活，一切沒問題。你們看，他的眼神滴溜溜的轉，直盯著我的金懷錶。好聰明呢！」醫生將懷錶取下，拿在小孩的鼻前來回搖晃。

小孩的眼睛認真注視，他的頭跟著錶不停晃動。

突然，他的右手伸直，朝那只金錶抓了過去。說時遲那時快，那個小孩的手指一下張開。

「叮噹」一聲，小小的手掌中，掉出了一只金戒指。

原來，那是他剛出生的時候，從接生產婆手上扒來的戒指。

故事◎射擊教練

張三是一個射擊教練場的老闆，他需要一個新的射擊教練，於是他到處去尋找。

有一天，他來到一個偏遠鄉下的穀倉邊，發現那個穀倉的外牆，佈滿彈孔，像蜂窩一樣。而且，每顆子彈都正正打在圓心上。

「哇！這是誰打的呀！槍法真是高明。就是這個人，這個人就是我要請的教練。」他驚叫。

這時，正好有個老太太，提著一籃衣服，走到穀倉邊的水池去洗衣。

「請問老婆婆，這穀倉牆上的彈孔是誰打的？」張三問。

老婆婆說：「喔！是吳涵。」

張三很興奮的說：「這每一個彈孔，都正中紅心，這個人的槍法眞是了不得呀！請妳告訴我，什麼地方可以找到他？」

老太太一面洗衣，一面說：「要找他呀，容易容易！你在這裡等，待會兒他就會出現。」

張三開始想像，一個槍法傑出的教練，給他的教練場帶來名聲與財富。

老太太看他坐立不安，便主動跟他聊天：「噯！老闆，你找吳涵幹嘛？」

「喔！我想請他當我教練場的教練。」

「哦？當教練啊！當教練很好，只是他是一個怪人。」

「怪？當然怪！有傑出才藝的都怪。我不怕怪，只要他槍法好。」

老太太漫不經心的說：「他每天一來，就舉槍乒乒乓乓的往穀倉亂射一氣。」

張三更興奮了：「哇！不用瞄準，亂打一氣，就能百發百中。神奇！神奇！」

老太太站起來，伸伸懶腰說：「神不神奇我是不知道啦！只是每次他射完之後，就拿著粉筆，對準每一個彈孔畫上圈圈。他畫圈圈時，比開槍的時候認眞一百倍。」

故事◎戀愛的談話

有一個猶太人，不只會讀書，而且很會談戀愛。

他有個朋友，也是猶太人，也很會讀書。他學心理學，但是很排斥哲學。他說哲學很簡單，太簡單了，使他不容易看懂。

這個朋友想戀愛，想結婚。有一次，有人介紹一個女性朋友給他，約會之前，他就去請教那個經驗豐富的朋友。

他的朋友問他：「你要追求的對象，必須有什麼條件？」

他沉吟一會兒，說：「嗯，必須是個猶太人。」

「啊哈！猶太人，那簡單。」朋友停頓一下，接著又說：「談戀愛，最重要的是瞭解。」

「怎麼說？」這個猶太人問。

「我們說『談』戀愛，『談』戀愛。戀愛的過程中，最重要的事，就是要說話。我們常說：『知己知彼，百戰百勝。』」他的朋友認眞的說。

「我不懂。」他又問。

「簡單明白的說，第一件重要的事就是——吃。」

「吃？爲什麼？」

「猶太傳統中很重視吃，對吃特別有講究，你沒看我們猶太媽媽都把孩子養得好好的嗎？所以，你跟她見面的時候，不要像英國人一樣，談天氣；也不要像法國人一樣，談酒，談服裝；更不要像德國人一樣，談機械工程。你要跟她談吃。」

「喔！還有沒有其他？」他接著問。

「第二件重要的事是——家庭。」

「家庭？」

「是的，猶太人非常重視家庭，談吃使她輕鬆，談家庭使她感到溫馨而安全。當你溫馨安全，又很放鬆的時候，就可以開始談哲學了。」

「談哲學？爲什麼要談哲學？」

「猶太人非常重視知識和智慧，如果能跟她談哲學，你就等於進入了她的心靈核心。一旦談完哲學，你們的手大概就已經拉在一起啦！」

這個男人覺得他的朋友說得實在有道理，於是，他謹照著他的辦法去約會。

他的第一個問題是：「妳喜歡吃香菇飯嗎？」

猶太小姐說：「不喜歡。」

這下談不下去了，怎麼辦？他想到朋友的話，那就跟她談家庭吧。

這個年輕的追求者說：「妳有哥哥嗎？」

「沒有。」

「妳有弟弟嗎？」他接著問。

「沒有。」

「妳有姊妹嗎？」他又接著問。

「沒有，我是獨生女。」

家庭談不下去，他在心中想了一下。好吧！談不下去就談哲學。

他向來不喜歡哲學，印象中只記得哲學老師曾經說過：「與事實相反的數據或問題，是哲學討論的溫床。」好吧！就這麼辦。他說：「如果妳有兄弟或姊妹，他們會喜歡吃香菇飯嗎?」

那個女孩掉頭就走。

他們的約會,這是第一次,也是最後一次。

回去後,他跟他的朋友描述約會的情況。

他的朋友聽了,抱著頭說:「天哪!你這死腦筋,光記得要談什麼,卻不曉得怎麼談。最重要的方法是:不管什麼話,經你的口說出來,就要使人家有想要跟你繼續談下去的欲望。唉!我看你還是得多讀一點哲學才行。」

「哲學?哲學!」他聽到這個就生氣:「她就是聽到我問她:『要是妳有兄弟或姊妹,他們會喜歡吃香菇飯嗎?』這個與事實相反的問題,才會臉色大變立刻掉頭就走。唉,哲學實在是空洞有害的東西啊!我要把哲學兩個字,從我的字典裡撕掉。」

據說,這個人再也沒有交到女朋友,一直單身到死亡。

重視自己的思考歷程

以上六則故事,如果我們拿來討論,都可能產生有趣味的哲學談論。

通常我們看故事或聽故事，不需要別人提醒，到了最後那個階段，如果得到一種趣味，或見識到一種清新的境界，往往都會發出「啊！」的一聲驚歎。這個驚歎，是重新認識的一個記號。簡單的說，是對舊的經驗的重新組合；對已經熟悉的事件，有了不一樣的體會和不同的理解。

這是一種哲學。這也是一種智慧。

可是，對於把哲學的思想當作是一種專業的人來看，思想的成果與內容，並不是他們所要強調的。

專業哲學家通常強調的是——提醒思考者重視自己的思考歷程。人如果能在思考的過程中，不斷的修改本身的思考方式，引進必要的思考技巧，檢視原有的信念網絡，以及修養本身的思考態度，那麼這個人就算有哲學思想了。

這麼說來，哲學應該可以分成兩個層次：當我們說一個人有哲學素養的時候，我們指的可能是，這個人能夠不斷的重組自己的經驗，進而獲得新的理解，以提升自己的境界。我們也可能指的是，這個人會關照自己的思考歷程，不斷的修正自己的思考方式。

這兩個層次如果能同時兼具，就接近圓融的境界了。

上面六個故事的前四個，大概都會給我們一聲「啊！」的趣味。但在〈射擊教練〉這個故事裡，那個教練場主人，看到彈孔正中紅心，就假定了（用哲學的專有名詞來說，是預設）現象發生的歷程：這麼多的子彈，每一顆都打在圓心，那麼，這個開槍的人一定是神槍手；而且，他也假定了，有了這種射擊能力的人，就可以當個好的射擊教練。進一步的，他還會爲自己的想法，在遇到挑戰的時候，加以辯護。

當老太太說「吳涵是個怪人」的時候，射擊教練場的主人便說：「有傑出才藝的人，都有一點怪。」

故事的精彩處是，老太太將吳涵假造射擊的情況，輕描淡寫的說了出來。她點出了「彈孔在圓心中間」跟「子彈擊中圓心」，這兩句話語意上的差別，而它們的差別，彰顯出兩種不同的活動。如果我們不知道活動的情形跟過程，就結果來說，是完全一樣的。

這個老太太在不經意中，點出了思考歷程的重要性。

最後一個故事〈戀愛的談話〉中，強調的就不只是思考的歷程了。

思考的歷程應該包括三個主要的項目：一是事件的程序，二是事件的時間，三是事件的時機。這個故事特別強調的是——思考歷程的靈活運用。思考歷程無法脫離思考內容，如果能夠將思考內容跟思考步驟、時間與時機，有效的結合起來，這才算是哲學。

故事中這位戀愛不成的人，只記得人家跟他說的內容與步驟（他知道那個小姐的背景，可是他把背景當作事實來看待），完全忽略了自己的態度。他把自己單純的目的，做爲與人談話的最高指導原則。他不會聊天，他對人不敏感，他不會照顧人家的興趣；最糟糕的是，在檢討事件的過程時，他對自己的錯誤只會否認，對自己的基本態度並不反省。

他確確實實是個拒絕哲學的小子。

10 樹孩子

〈我迷路時〉

在我皮帶底下
我的肚子是一粒石頭
沉下去　沉下去　沉下去
一切都在沉下去
而且　那底下是
一個空洞
而且

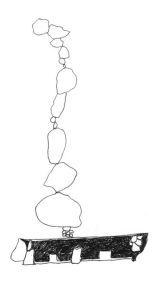

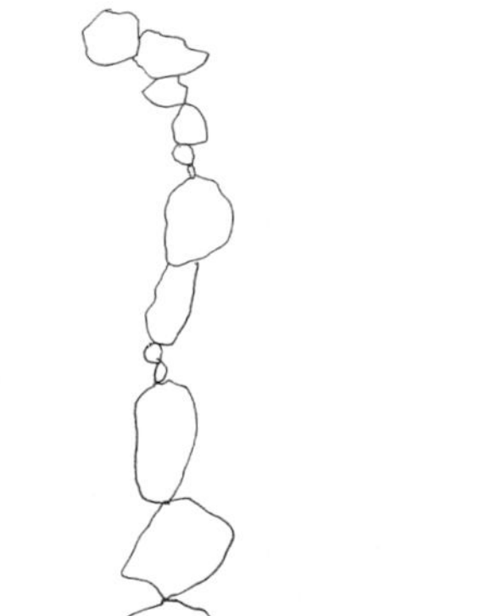

我單獨一個

〈四天做一年〉

春天　我喜歡你
你的腳是花編的
你的腳印是紫色的
我喜歡

夏天　我喜歡你
你的腳是水泡的
你的腳印是老鼠的親戚
我喜歡

秋天　我喜歡你

你的腳是葉子堆的
你的腳印隨風遊戲
我喜歡

冬天　我喜歡你
你的腳是毛毛的
你的腳印在懷孕
我喜歡

春　夏　秋　冬
你們四個
走過來　走過去
好　就你們四個
做成一年

首先，我要說一個西非洲的故事，這個故事叫做〈樹孩子〉。

故事◎樹孩子

從前從前，有個老老的老婦人，她雖然有一個農場，養著雞鴨牛羊豬狗，生活過得不錯，可是她覺得不快樂。

「我爲什麼不快樂？」她問自己。

「啊！我沒有丈夫，我沒有孩子。」她回答自己的問題。「我要一個丈夫，我要一個小孩。」

她去找巫師解決這個問題。

巫師說：「妳那麼老了，或有丈夫，或有小孩，不能同時都有，妳選一個吧！」

老婆婆想：「要是丈夫老老的，要來做什麼？小孩會給我快樂，有什麼比看小孩長大更快樂的？」

她把心裡想的，告訴了巫師。

巫師說：「只要妳把自己洗乾淨，拿一個乾淨的容器，到森林裡那棵最大的欖仁樹那裡。妳爬到樹上，要幾個孩子，就採幾個欖仁樹果。然後妳把欖仁樹果帶回家，放在床上，用被子蓋住，把門窗關好，出去散步。一直走，一直走，走到手腳發熱，全身冒汗。走路的時候，千萬不要跟別人講話，天黑之前回家，妳的孩子就會在家裡等妳了。」

老婆婆回家把自己洗得很乾淨，拿一個盆子，也刷洗得很乾淨。她帶著盆子去找那棵樹，她爬了上去，採一粒，再採一粒。她一面採，一面想：一個孩子太孤單，兩個孩子才有伴，三個孩子將來長大了好商量，四個、五個、六個、七個、八個，她一共採了九個樹子。

「我要九個孩子。有了九個小孩，我的家簡直就是一所學校了。」她把樹子帶回家。

老婆婆把樹子放在床上，用棉被蓋住，然後把窗戶關好，出去散步。她一直走，一直走，走到手腳發熱，走到渾身是汗。天黑之前，她回到家。她發現她的雞、鴨、牛、羊、豬、狗，都餵好了，家裡燈火通明。

「媽，妳到哪裡去了？我們等妳吃飯。」大大小小九個小孩同聲歡呼，一桌的飯菜熱騰騰，他們吃啊，喝啊，聊天啊，笑啊，鬧啊，從此過著快快樂樂的生活。

老婆婆心裡常常想，人老了，有一群快樂的小孩在身邊，眞好啊！

可是，快樂的人照樣會生病。

有一天，她感冒了。她又累又倦，需要休息，需要安靜。可是那九個孩子，一個比一個活潑。他們玩樂，他們唱歌，他們打鬧。

「請你們安靜，讓我休息。」老婆婆說。

孩子們安靜了一下子，又鬧了起來。

「孩子，我生病了，需要休息，請你們安靜。」話才說完，他們照樣蹦來跳去，和平常一樣。

老婆婆忍受不住，罵道：「你們這些樹孩子，你們這些欖仁子，每一個都給我回到你們的房間去，今天晚上都不准再出來，不准出聲。眞是的，樹孩子！欖仁子！」

孩子一個一個沉默了下來，你看我，我看你，低著頭走回自己的房間。果然，一夜都沒有聲音，老婆婆在安靜中沉沉睡去。

早晨，她發現她的病已經好多了。可是，她同時也發現，家裡怪怪的：屋裡非常安靜，沒有人在掃地，沒有人在煮飯，倒是外面的雞鴨牛羊豬狗，都在叫著要東西吃。

孩子們呢？她打開孩子的房間，第一個房間，沒有人。第二個房間，沒有人。第三個房間……喔！每一個房間都沒有人。

「我的孩子都不見了！我的孩子都不見了！」她難過又慌張，急急忙忙跑去巫師那兒：「我的孩子不見了！我的孩子不見了！」

巫師看見她，非常高興的說：「我正要找妳，妳就自己送上門來。我忘記告訴妳一件事。」

「我的孩子都不見了！他們不知道跑到哪裡去了？」老婆婆沒等巫師說完，又傷心的說。

巫師問她：「妳是不是罵他們？唉！太可惜了，我就是忘了告訴妳，這些樹孩子是不能罵的，尤其不能用帶著怒氣和不耐煩的口氣罵他們樹孩子！欖仁子！」

「可是，我已經罵了。昨天晚上，我要他們安靜，我又氣又不耐煩，就罵他們樹孩子！欖仁子！今天早上他們都不見了，怎麼辦？怎麼辦？請妳幫幫我，把他們找回來好嗎？」

巫師嘆口氣，搖搖頭說：「孩子只有在生病、睡覺和死掉的時候，才會安靜。妳罵他們樹孩子！欖仁子！他們已經回到樹上去了，眞的變成欖仁樹的果子了。」

「我可以再去採一些樹子嗎？我能再有一群小孩嗎？」老婆婆哀求著說。

「沒辦法了，一個人一輩子只能有過一群小孩，不見了，就不見了。」巫師搖著頭說。

「可是，我好想再見他們啊！有什麼辦法可以再見到他們呢？」老婆婆請求巫師幫忙。

巫師說：「妳如果還想見他們，就得再把自己洗乾淨，去爬那棵樹，妳就可以看到一顆一顆的欖仁樹子掛在那兒，他們再也不會變成小孩了。」

從此以後，老婆婆每一次想念她的小孩的時候，她就會將自己洗得乾乾淨淨，爬到樹上，去看他們。

欖仁樹上，有一個一個小小的面孔。

小孩眞的不能處罰嗎？

這個故事，我常常在演講中提到，特別是在小孩與大人共同出現的場合。它不是一個讓人覺得快樂的故事，但小孩聽了，多半會有一個感想，他們會對身邊的大人說：「不可以罵小孩。」而大人的感覺，顯然就複雜多了。

有一個媽媽跟我說：「小孩眞的都不能處罰嗎？我常常白天罵了他們，或打了他們之後，晚上看著他們熟睡的面孔，摸著他們光滑的小手或小腳，想著他們被處罰時的表情，和自己生氣時的嘴臉，不禁就要悲從中來，好難過喔！」

另外一個媽媽說：「我也一樣，打她罵她的時候，怒氣當頭，下手又重，等看到他們呼天搶地的哭時，我就已經覺得不忍心了。有一次，我的女兒半夜被我哭泣的聲音吵醒，還安慰我說：『媽，不要哭啦。』看她從睡夢中醒來，翻過身去，說道：『媽媽，不要哭了，一切都沒有關係。』她是在說夢話，那時我哭得就更大聲了。」

當然，也不是所有的人打過孩子之後都有這種反應的。有的父母把打罵當作一種方法，認爲孩子不打不罵不會成材。然而，有的孩子被打多罵多了，也就皮了，好像也沒有受到什麼傷害的樣子。

我想，打呀，罵呀，最重要的是「口氣與神態」。人是會思考的動物，很多行爲的意義是經過詮釋才彰顯出來的。打罵是一種不容許分辯跟抗議的處分，它在身分上做了難以逾越的階層區分。

作家王文興在《家變》一書上，曾經問過：如果子女能像父母處罰兒女一般處罰父母，我們的家，不知道會變成什麼樣子？

其實自古以來，小孩在被大人處罰的過程中，不知不覺就學會了處罰父母的手段與方法。我們當父母的人，夠敏感的話，總會體會到被自己子女處罰的經驗。王文興在《家變》中的假設與臆測，是一種後見之明的重述而已。你們家現在什麼樣了？

大人的行事是小孩的榜樣

規矩是社會必須要的，不管是哪一種社會。

教育哲學家曾經主張：常規的養成，是教育最重要的核心。

哲學家維根斯坦也說：一切的解釋都建基在某些先行的訓練上頭。

我們與孩子一起生活，我們的行事就是他們的榜樣，我們的認知以及各種思考的表達，都在不經意間，灌注到他們的身上。我們的整個文化氛圍，其實是一個訓練場，小孩生活在其中，不知不覺就都會了。而這些在不知不覺中被訓練出來的東西，是往後許多學術上思維派典與解釋、詮釋的基礎。

常規的養成有些是自然形成的，有些是制訂出來的。不管是怎麼來的，遵守、修改、執行、再修改，不斷的循環進行，這是教育上不可掉以輕心的。若要判定形式教育的成功與否，仔細觀察那個團體常規演化的狀況，就可以得到相當可靠的評價了。

不要講話的教室

一九八三年，我正在美國紐澤西州的一所州立大學任教。

卡內基基金會發表了《教育白皮書》，針對美國當時的教育做深刻的批評與建議。我的同事們立即做了計畫，研究美國、日本和台灣基礎教育的教室中，常規演變狀況的計畫。

在討論的過程中，有人提出了一件有趣的觀察。

他說：「大致看來，台灣的教室最安靜，人數也最多；日本的教室，聲音最多，分組的情形最普遍；美國的教室，介於台灣跟日本之間。」就人數上來說，當時台灣一班學生，大概是四十至五十人。日本則在三十五至四十人之間，美國在十六至三十人之間。

這些比較很有意義，但對他來說，最令他感到驚訝的是：這三個地區的校長都經常會去巡堂。美國的校長巡堂時，常常會走進教室，而台灣跟日本的校長很少走進教室。

更有趣的是，日本的校長在巡堂的過程中，若發現哪一間教室特別安靜，他就會過去看看，到底發生了什麼事。日本的教學常有分組討論或共同討論，「教室安靜」是一件值得特別注意的事。而台灣的校長巡堂時，是哪裡吵鬧，就往那裡巡。

台灣多半的教室，老師是表演者，是整個場面的控制者。

有一次，這些訪查員跟一個校長去巡堂，他發現每一班的老師都在說同一句話，那就是：「安靜，不要講話！」他覺得不可思議，寂靜的教室如何可能有學習的情境在進行？

記得有一回，我在台北地區某小學觀察老師上課，那班老師正在訓練學生做「合作學習——討論的教學」。

他把學生分成幾組後，用高昂的聲調說：「大家好好討論，不要講話。」

我心中覺得好笑，立刻小聲的問他：「不講話，要怎麼好好討論？」

我的塗鴉

11

站著屙尿是什麼規矩

這裡直接用幾個故事，談談「規矩」這件事。

屙尿的規矩

「你猜我今天是站著屙尿還是坐著屙尿？」珠情一進家門就大叫。然後，不等她媽媽的回答就接下去：「我們三個女生練習站著屙尿。我會了耶！」說著，她把兩腿一分，半蹲樣出現了，臉上出現似笑似不笑的表情，等待著前面幾個大人的反應。

她媽媽沒有說什麼。

立立的媽做出難以相信的表情：「女生不可以站著小便。」

「爲什麼？」珠情挑戰。

「那會尿濕的呀！」珠情的媽幫立立的媽找理由。

「可是，我已經學會站著屙了呀！」珠情是客家人的女兒，很習慣講「屙」字。

「那也不好，哪有女生站著小便的，唉，太難看了！男生才站著小便，女生應該坐著小便，這是規矩呀！」立立的爸爸是某個小學的主任。

這時，珠情已經跑走了，她去廚房找東西吃去了。留下幾個大人在討論男生和女生屙尿的「規矩」。

如果你是男生，你會去試一試坐下來屙尿嗎？

如果妳是女生，妳會去試一試站著屙尿嗎？

屙尿的姿勢屬不屬於「規矩」的領域？

說話要有規矩？

端午節，一家人和一家人的朋友，在陽台上吃粽子。

陽台上有些花草，是毛毛蟲到處爬的時節。日然一面吃粽子，一面看小蟲爬地，頭都不抬。突然，他覺得沾粽子的甜辣醬沒了，頭還是沒抬，抓起裝醬的盤子，盤子像個小小的調色板。「倒甜辣醬給我。」他是在對客人水皮阿姨說：「我要多一點甜辣醬，妳去倒。」

水皮阿姨和日然的媽媽、豆子阿姨、墨叔叔正聊得高興，想了兩三秒鐘，起身去替日然倒甜辣醬。

日然吃完粽子，便到浴室去玩水，他說：「太熱了，我要做水獺！」

小孩走了。墨叔叔說：「日然的媽媽，妳的孩子怎麼這樣？對大人說話沒點規矩。」

「你是說他沒有說謝謝嗎？」豆子阿姨問，她在喝啤酒。

「不是，我是說他要水皮倒甜辣醬，沒說請，連看都不看她一眼。這不對的！」

「他那時專心在看毛毛蟲啊！」日然的媽媽冷冷的說：「而且水皮也沒表示什麼呀！」

「對啊！這要看當事人的感覺而定。」豆子又喝一大口啤酒，而且動身去開電視。

「可是，水皮是客人，她可能礙於情面去倒了，心中不一定舒服呢！」墨叔叔說。

「那你問水皮好了。」豆子說，電視的畫面是幾個穿唐朝古裝的香港人在打架。

「水皮，妳覺得如何？」日然的媽媽問。

「我不懂你們在說些什麼，倒個甜辣醬，也有那麼多好討論的嗎？」水皮正在吃桃子。

「這可是涉及常規的問題。有人主張：沒有常規，就沒有教育，常規是教育的根本。如果這個主張是對的，那當然就重要囉！」墨叔叔認眞起來。

「你們說，我去小便。」日然的媽媽又使出尿遁的手法，她不喜歡在大熱天討論教育。

日然一身脫光光的在浴室玩水，浴室的門沒關，日然的媽媽進去一下，出來，門仍開著。水聲嘩啦啦，日然的歡笑聲哈哈哈。

「你看，」墨叔叔說：「我會建議他把門關起來。」「沒規矩。」

「這哪有什麼規矩，他才七歲呢！」豆子說：「要是你在裡面玩水，我才會建議你把門關起來。」墨叔叔差一點五十歲了。

如果日然是你的孩子，跟著你一起生活，你會覺得他不守規矩嗎？

習慣、禮貌和規矩

「妳的孩子眞乖巧，眞懂規矩。」尹榮的媽媽來佩芬家玩，六歲的佩芬不只嘴巴甜：「關阿姨好，任阿姨好，呂伯伯好。」把客人都叫遍了，還去倒茶。

他們幾個大人在打麻將。「都是她爸爸訓練的。我其實不喜歡孩子這樣。」佩芬媽似乎陷入長考：「我倒希望自己的孩子像你們的尹榮那樣。」

「妳還說我們尹榮，他眞像他爸爸，有屁也不敢大聲放，遇到人只會張大眼睛看，兩片嘴唇像那沒煮過的蛤蜊，夾得緊緊，不懂規矩。」尹榮媽說著就打出「三萬」。

「謝謝，我胡了。」呂伯伯把牌推倒，伸手把尹榮媽放出來的「三萬」用兩根手指「夾」回面前，一副十分愉快的樣子。「其實啊，要是每個孩子都遇到人『好』『好』『好』跟人打招呼，或者，每個孩子都遇到人一句話也不說，多麼沒有意思？」

「可是，基本的社交禮貌和規矩，總要懂呀！」任阿姨起身自己倒茶，「你們也要嗎？關姐，妳要茶嗎？」

「我自己來。」關阿姨說著，並沒起身，雙手不斷在桌上洗牌。任阿姨就倒了一杯給她。她縮回一隻手，接過茶水，直接送到口邊，用力「ㄙㄨˋ——」的喝了一大口。

「妳也眞是，」呂伯伯說：「喝水哪有這麼大聲的，喝得嚇我一大跳！」

「對不起，我不是故意的。」關阿姨說：「對了，吃東西，喝東西，出聲好或是不出聲比較好？」

你說呢？這也和規矩有關嗎？習慣、禮貌和規矩有什麼關係？

吃飯沒規矩

李子家開雜貨店，店可以分兩邊進出：前門和後門。後門靠近廚房。鄉下地方，大家認識大家。吃飯時間，從後門進來店裡買東西的人，經過廚房，多半會看看飯桌上的菜。

駱媽媽每次來，都有些評語：「你們怎麼啦，開那麼大的店，吃的是兩菜一湯呀！」「你們怎麼啦，一大盆豬腳，我們一輩子也吃不到那麼多，印度的人還沒東西吃呢！」反正，她都有話說，而且，說了，一定不會忘記去抓一塊菜吃，邊吃邊走到前面去。

李子家的人吃飯，像是在吃流水席，人到人吃，也有端著碗到處去遊竄的。

邱本宗的家就不一樣了，很不一樣。邱本宗家吃飯，要全家到齊，爸爸動手，其他人才可以動手，而且，夾菜要先夾最靠近自己的那一盤。沒吃完，不准離開座位。每一次吃飯，孩子都搶著端菜，因爲，什麼菜擺哪裡，直接涉及他們自身的「福利」呢！

邱本宗到李子家去玩，很不習慣。「媽，李子家沒有規矩，吃飯時，可以端碗去看電視，也可以端碗一面吃、一面去上洗手間……」邱本宗向媽媽報告。

「那是他們家的事，我們不管。」邱媽媽說：「不過，我有時覺得那樣也可以，只是我不要那樣。」

「那，哪一樣比較好？」邱本宗問：「我覺得我喜歡在李子家吃東西。」

「你去給他們做兒子好了。」邱媽媽大聲說。

小孩欺負大人

「妳怎麼這麼慢才來？妳的腳斷掉是嗎？」唐木對趙媽媽大聲叫吼。唐、趙兩家常常合作接送孩子。那一天，趙媽媽去遲了，唐木這樣大聲叫吼。而且，這種現象不只一次，也不只這種情形。

趙媽媽當時很不高興，但是，她吞了自己的氣，事後也沒有跟唐木的媽媽說。可是次數多了，她也就吞不下了，有時會和別的媽媽說。

現在，媽媽們聚會，眾媽媽就會對趙媽媽說：「怎麼樣，最近有沒有被妳的『少主』欺凌辱罵？」

學校的李老師知道了，覺得十分不安，打電話給唐木的媽媽。唐木的媽媽表示：「我們唐木，不只對趙媽媽這樣，對我也這樣啊！我也不知道怎麼辦，那我以後不請趙媽媽接好了。」

「不是這個意思，我覺得唐木也沒什麼壞意思，說不定他只是在試一試自己說的話，會引起什麼反應。所以，妳和趙媽媽，實在要談一談。」李老師建議：「孩子好奇，孩子試探，我們大人不該壓制他們，可是，我們也不應該壓制我們自己。學校裡，有許多孩子，在學校好好的，可是，我到他們家，發現一些『教育媽媽』把孩子教得很會整自己的父母。其實，我的意思是，那些小孩很會欺負大人！尤其自己的媽媽……」李老師還要說下去，卻被唐木媽媽打斷。

「李老師，你不要再說了。你不懂，我這是用人本精神在教的！我要我的孩子，將來對幼弱的人，像我現在一樣有耐心。」

「可是，幼弱的人也會發展出十分殘酷的欺負人的手段和『智慧』呀！反正，孩子是妳的，再見！」李老師顯然生氣了，忍了忍，又補上幾句話：「對幼弱的人有耐心，和任由幼弱的人欺負，尤其用殘酷的手段整自己的父母，應該可以分辨的。唐木媽媽，妳會分辨嗎？」

「這個我沒想過。」唐木媽媽的口氣平和，平和中似乎藏著一兩根魚刺。

「人本精神的施行，有方法嗎？有態度嗎？」李老師喝了一口涼水，分兩次吞下喉嚨，才接下去說：「改天見面再向妳請教。或者，我們可以召開一次家長會來討論，妳說怎麼樣？」

「好呀！你安排，我來幫忙聯絡。」唐木媽媽說完，電話掛上，立刻聽到唐木在隔壁房間大聲說：「媽，妳和李老師說什麼？」

「沒有什麼啦！」唐木媽媽不想多說。

「嗯，媽……大人是不是不想回答時，就說沒什麼啦！」

「大人和小孩差不多吧！你問問你自己。」唐木媽媽說：「我要去市場，你要去嗎？」

唐木沒回答，媽媽提起菜籃，抓起錢包，走出家門。

外邊的陽光還是斜斜的，她踏著自己的影子走向市場——黃昏市場。

唐木的媽媽和李老師似乎都沒有跳脫自己的思考習性，他們有從唐木的行為與思考中，獲得改變習性的營養與刺激嗎？或者，他們只是想將唐木教養成和他們一樣呢？不知道他們的家長會有沒有討論出「對幼弱的人有耐心」，與「任由幼弱的人欺負，敢用、進而成了習慣用殘酷的手段整自己的父母」之間的差別與關係？

12 雲遊僧與得道僧

〈毛毛蟲〉

毛毛蟲做什麼
什麼也不做
只是吃　一直吃　一直吃

毛毛蟲知道什麼
什麼也不知道
只知道長　一直長　一直長

牠們只是吃　只知道長
然後就會變成一隻蝴蝶

比我厲害
因為我只會一直吃　一直吃　一直吃
不管吃多少　還是吃　只是吃

——取材自艾琳・弗雪

〈蝴蝶歌〉

蝴蝶　蝴蝶　蝴蝶　蝴蝶
噢　你看　牠在花園中穿梭
像是小小孩學走路
不知道要往哪裡走

雲
從天上灑下雨來

——取材自印地安人的歌

老師不是印模

誰都可以當老師嗎？

這不是一個理論性的問題，也不是一個重要的問題。

誰都可以當學生嗎？

答案應該是自明的。

學生與老師放在一起，就一定會有教學的情境發生嗎？

有沒有不重要，重要的是誰向誰學呀！

一般都認爲，應該是學生向老師學。有些人卻說，好老師應該是會向學生學，把學生當老師的人。

我們常說：身教重於言教。老師如果一天到晚只是想要「教人」，學生如何可能向老師學到「學習」最基本的態度呢？

記得女兒小時候，第一天從幼稚園回來，我們正要拿筷子吃晚餐時，她突然很嚴肅的說：「把筷子放下！坐好！跟著我說：『老師請用，小朋友請用，大家都請慢慢用，開動！』」

她的許多言行，都是她老師的樣子。她學得最多的是老師教她時的神態、口氣、語詞的形式與舉止。她簡直可以算是一個小號的幼稚園老師。

我的初中老師郭威曾經說：「教學生，最怕的是把學生教得太像自己。」

當時我不明白。後來，我有一個同學，英文非常好，是吳炳鐘老師的學生。他說的笑話，許多是吳老師說過的，連說話的嘴型、舉手投足的樣態，甚至講笑話時等待的點與時間的掌握，都和吳老師一模一樣。

看到他，我老想到郭威老師的那句話。

可是，當時我還是不能明白那句話的真意。直到有一天，無意間我聽到自己親近的學生在演講，看著他的樣子，簡直像是我自己在照鏡子，很多語言，就像是我自己吐出去的口水一般。

這時，我才想到，牛津大學教授黑爾（R. M. Hare）曾經在〈一所培養哲學家的學校〉這篇文章裡表示過：在校園裡，他最怕聽到自己的學生在引述自己的說法或言語。因爲，多半的時候，學生們的理解和自己原先的表達，眞是差之毫釐，失之千里啊！換句話說，他們所引述的言語或語句，跟自己原先說的完全一樣，但是，語氣卻是非常的不一樣，因此，所帶出來的意義，便完全不一樣了。

我們知道，學習最主要的是要能夠變化氣質。

當一個老師把自己的學生，教到失去自我，把老師當印模往自己身上猛蓋的時候，那眞是不如無師了！

教育史上，不斷的有學生要找好老師，有老師要找好學生的案例。

我們不是聽過「得天下英才而教之，一樂也」嗎？好老師不可能對任何學生都好，好學生也不是對任何老師都衷心學習，其中所含藏的道理，比起「因材施教」這四個字所表達的，要來得更深而且更廣。

底下我想講一個老師找學生的故事。

故事◎未生之前，本來面目是什麼

從前有兩個和尚，一個胖，一個瘦。

瘦和尚得了道，但他不是一個傳道的和尚，因此他需要一個一經提點就可以得道，就可以學得很好的大善知識（指知識豐富的學者），來把道傳給他。

所以，他請求胖和尚幫他的忙。

胖和尚吃香喝辣，很愛旅行。他堅信：行萬里路，比讀萬卷書好。

胖和尚認識的人很多，各種場合都可能出現他的身影，他最喜歡做的就是介紹人去學習佛法，當然也就滿口答應瘦和尚的要求。

有一天，胖和尚來到一座叢林。一個胸口掛一大串念珠的大和尚，正在弘法。

大和尚法相莊嚴，聲音宏亮，底下的徒眾肅穆森然，幾百人安靜席地而坐，聽道的聽道，瞌睡的瞌睡。有點頭的，有搖頭晃腦的，也有流口水的。突然間，一陣輕笑聲由禪堂末端傳送過來。大和尚抬眼望去，是那個胖和尚咧著嘴，望著他輕聲笑著。

這個大和尚出道多年，一向嚴肅，這下受不了了。

他起身走到胖和尚面前，合掌敬禮問道：「老和尚所笑爲何？」

胖和尚開口說：「你不安心嗎？你若不安心的話，就解散徒眾，我便指點你。」

大和尚果然不凡，立刻宣佈將他的徒眾解散。

這個又老又胖的和尚便說道：「你此去往西走，約四十里之後，有條大河，那裡有個『頭頂青天，足無立錐之地』的人。那人……就是你的師父。」

大和尚照著他的話去做，到了河邊，果然看見一個光頭沒有戴斗笠的和尚，站在船上。「啊哈！」他心想：「就是他，就是他。他沒戴斗笠，他的光頭頂著青天，他站在船上，他足無立錐之地。」

大和尚上船自我介紹之後，這個得道的瘦和尚問他：「你，未生之前，本來面目是什麼？」

大和尚飽讀經書，思考敏捷，不假思索就開口滔滔不絕。不料，瘦和尚聽著聽著，突然舉起手中撐船的竹竿，一竿子將大和尚打落水中。浮沉之間，瘦和尚還是問他：「你，未生之前，本來面目是什麼？」

大和尚開口又答，瘦和尚一竿下去，又將他擊入水中，如此再三，大和尚終於只是舉頭呼吸，不再言語了。

抵達岸邊之後，瘦和尚問他：「你當眞明白？」

大和尚默默不出言語，只是點頭。

瘦和尚說：「如此甚好，如今你去找個清靜的地方，結廬讀書，三年之後，再出來傳道。」言畢，瘦和尚便沉船不知所終。

大和尚結廬讀書三年後，復出傳道。原先那個胖和尚仍然出現在道場，仍然咧嘴輕聲呵笑。這一回大和尚在台上，只是報以會心的微笑。

據說，這個大和尚後來成了禪道中難得的大師。

師生關係的思考

我把這個故事當作「師生關係」和「教與學的案例」來討論的時候，遇到過很多很多的問題。例如：

「眞的有能得道、而不善傳道的老師嗎？」

「要傳道，要有什麼特質呢？」

「那胖和尚第一次的微笑，大和尚爲什麼不安？」

「瘦和尚爲什麼要把大和尚擊入水中？萬一他不會游泳，不是太危險了嗎？」

「大和尚怎麼會信任胖和尚呢？」

「胖和尚的第二次笑容，大和尚看了怎麼不再走下來，而只是報以會心的微笑呢？」

「大和尚領略到了什麼呢？」

「瘦和尚爲什麼要大和尚再去結廬三年？他不是已經滿腹經綸了嗎？」

「瘦和尚最後爲什麼要沉船不知所終？他是自殺？還是水遁？」

「瘦和尚對大和尚的態度，跟菩提祖師對孫悟空的態度是一樣的嗎？」

上述這些問題，都是開放性的問題。

開放性的問題，不是沒有答案，更不是沒有正確的答案。而是，答案有很多的可能性，有很多的層次，有很多的條件要加以討論。

通常，根本的哲學或教育上的問題，形式多半很簡單，要求的答案卻是非常多樣且複雜。

我的塗鴉

13 獨眼和尚與佛法

〈有智慧時〉

花朵挺胸
一輩子呢
有智慧時
就落實去當
肥料啦
鳥兒飛翔

一輩子呢
有智慧時
就落實去當
食品啦

毛毛蟲說
我住花朵裡
有智慧
就不必變食品
還會長翅膀
而且不必羽毛
飛啦

什麼是智慧啊

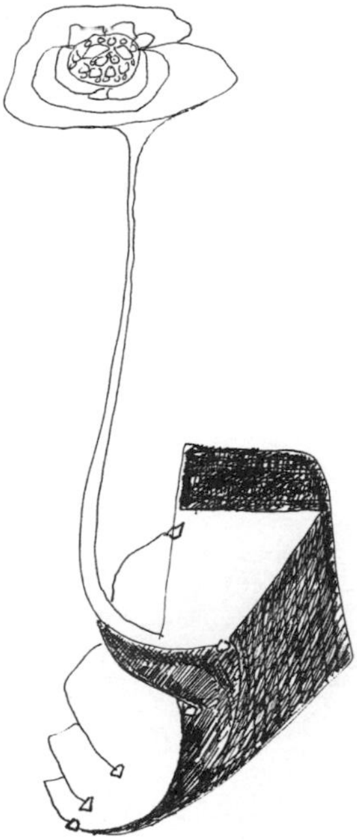

誰知道呢
它像在
花朵的胸膛
與
鳥的翅膀
之間
是
生
的
橋
樑

〈這算是什麼姻緣〉

這算是什麼姻緣

不鏽鋼小叉子兩支
紅葡萄十二粒
包圍一個白白的圓盤
一段包穀加一段玉米
紫色的蓮霧為鄰
四片半個排隊
盤踞邊緣
起了斑點的香蕉
好幾條好幾條
這算是什麼姻緣

首先，我要說一個佛學故事。

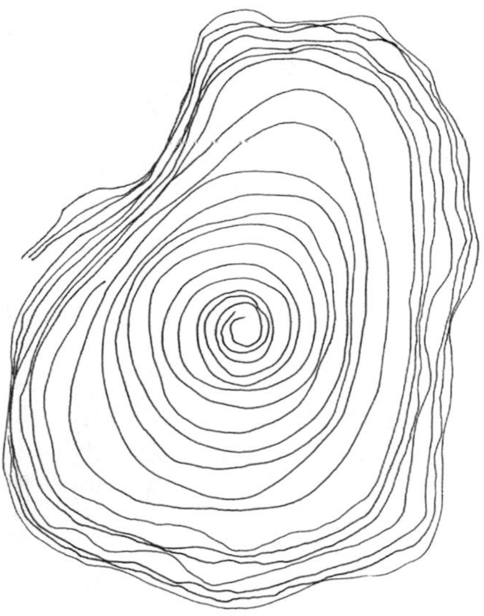

故事◎故獨眼和尚與掛單和尚

有兩個和尚，住在同一間禪寺。

一個老和尚是修行的，研究禪道；另一個小和尚是工作的，他煮飯洗衣掃地，照顧這個修道和尚的生活。他雖然是個和尚，但卻不識字，而且只有一隻眼睛。

照佛家的規矩，如果有雲遊的僧侶來到寺院，通常是可以住下，要求食宿服務的，他們稱這爲「掛單」。也就是說，雲遊的僧侶能把自己的名牌掛上去，暫時算是寺院的一員。通常，每個寺院都有自己的規矩。這個寺院的規矩是：來掛單的人，得先與寺院的住持論辯禪道。來客如果勝利，寺院就得收留並好好款待；來客如果失敗，就得自行離去。

那天黃昏，晚飯之後晚課之前，忽聞山門鐘響。

「喔！有人要來掛單了。」住持對小和尚說：「我今天很累，無法辯論，你去接迎。」

獨眼小和尚說：「我去接迎？我……我大字不識一個，只會唸阿彌陀佛。我不去，你去。若要我去，你就得保證我一定要贏。」

大和尚說：「保證贏，保證贏，只要你去，我教你，你照著我的話做，你就一定贏。你跟來客見面時，什麼話都不要說，用沉默對答，跟他用比的，那你就一定贏。」

「用比的？沉默對答？喔！我是做事的和尚，只要不說話，就沒有什麼問題啦！」

說完，他就去準備接迎來僧。

天快黑了，來僧肚子很餓，他們在禪堂盤腿坐下。

小和尚與來僧面對面，沉默的比手劃腳，論辯起禪道來。

來僧法相莊嚴，垂眉舉手釋出食指一隻。

獨眼和尚面現困惑，略加思索，左右兩手同時釋出食指。

來僧滿臉驚訝，沉思片刻，把左手伸出，做三指指天狀。

只見，獨眼和尚一臉悲憤，右手握拳，舉在胸前，上下抖動做捶打的樣子。

來僧立刻起立，鞠躬引退，背起包袱往山門走去。

此時，住持正在山門前散步，見來僧神色倉皇，不禁趨前問個究竟。

來僧說：「貴寺獨眼小和尚禪道高深，我的辯論已經輸了，趁天色未晚，我得趕往他寺求住。」

住持說：「稍安，稍安，請將詳情簡單述來。」

來僧說：「我們兩人用沉默論答，我先釋出一指，表示為佛。小和尚釋出二指，表示佛與法。我釋出三指，表示佛、法、僧三寶。小和尚立刻握拳震盪，表示佛、法、僧三寶需在一悟中得之，否則只是空虛。我無言以對，只得起立敬禮認輸了。」

雲遊和尚說完，倉倉皇皇往他寺奔去。

來僧剛走，獨眼小和尚氣急敗壞追奔過來，差點撞到住持。

「那個無禮的小子哪裡去了？我不痛揍他一頓，難消我心頭之恨！」小和尚說。

住持老和尚勸慰小和尚：「唉，他都已經認輸走了，你何必氣成這個樣子？何況他還稱讚你的禪道高深呢！」

「稱讚我禪道高深？」小和尚驚訝的望著老和尚：「怎麼會？你知道嗎，他一坐下，就伸出一隻手指，指著我的臉說：『和尚，和尚，你只有一隻眼。』你說，他無禮不無禮？」

老和尚微微點了一下頭。

小和尚繼續說：「我心想他遠來是客，就恭祝他：『你很幸福，你有兩隻眼睛。』沒想到這個惡和尚，第二次出手，就伸出三個手指頭，表示我們兩個合起來只有三隻眼睛。你說氣人不氣人？」

老和尚再度輕輕點頭。

「我也就不管他是客不是客啦！我握拳做出捶打的樣子，我的意思是說：你再囉唆，我就把你揍扁。沒想到，他不只是無禮，而且膽小，拔腿就跑。讓我追上，我可眞要好好修理他一頓。」

爲符號的詮釋「架橋」

以上這個佛學故事呈現出，身體語言、日常語言與知識背景之間有趣的關聯。

對於那個有學問的雲遊僧而言，在禪堂裡伸出一隻手指，他把它解釋成「佛」，那是再自然不過的事了。接下來，對方以「二指」做回應，他把它解釋成「佛與法」，也是合情合理的。他的解釋，都是依據他的學養背景而得來。

可是，對於不識字的獨眼和尚來說，雖然他生活在寺廟裡，但他做的是照顧人的工作，不研究，不修道。佛教的經典道理，對他來說是陌生的，他的語言只是日常生活的語言，沒有學術與法道的語言。什麼場合對他來說，都是一樣的。因此才會把一指、兩指、三指都與他的眼睛扯上關係。他的理解跟詮釋，都是依據他的身心狀況、生活背景而來的。

有時我會想，如果他們兩個人能夠心平氣和的，用日常語言把剛才的過程述說出來，不知道會怎樣？

這個故事在教師培訓的場合常被我拿來討論，多半時候我們都會哈哈一笑。但，這有什麼好笑呢？我們爲什麼會笑呢？換句話說，我們在笑什麼？

如果把這個獨眼和尚當作一個小孩，來僧當作另一位小孩，他們之間的誤會就是一種很好的「誤會的思考實驗」。

符號的詮釋，是要經過生活、經過文化的培養和經驗訓練的。不同的背景對同樣的身體動作，會有不同的詮釋，因而產生不同的意義。自然語言有自然語言的符號意義系統，專技有專技的符號意義系統，從一般的生活要過渡到專門技藝的符號系統，並不容易。

我們在受教育的過程當中，許多的「力」就是在做這種轉化。教師的功能，很重要的一項是——做這種「架橋」的功夫。就是將學生從日常的符號系統，引領到專門學問的符號系統裡去，這中間有許多是屬於「翻譯」的工作。不只是日常用語跟專門技術用語之間，有這種接引跟翻譯要做，就是在不同的日常語言之間，也有類似的困難要克服。

所以有人說，老師的功能，其實是在做架橋的工作。

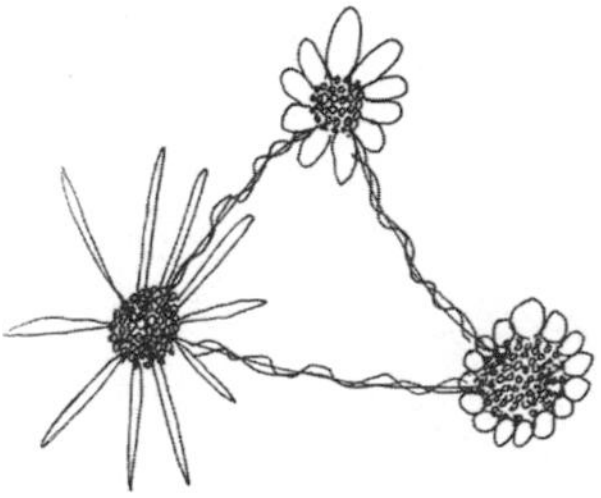

14

菩提祖師與孫悟空

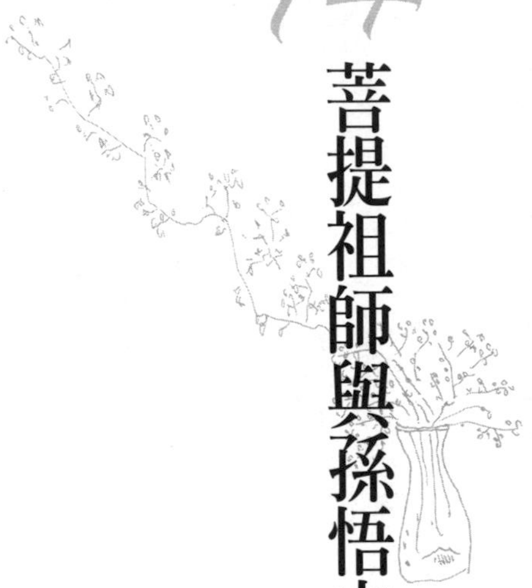

〈浪是白馬〉

浪是白馬
奔馳著
沙是愛奴
捧著主人的腳印
陽光繪畫著時間的身影
扮所有樹與草與人
我戴著有狼的灰帽子

紀念那
長草的綠帽子
它失落在往東北去的
野鴨子頭上

浪是白馬
奔馳著
沙是愛奴
捧著主人的腳印
陽光繪畫著時間的身影
扮所有的樹與草與人與狗
我戴著有狼的灰帽子
思想著
水邊的桂花香和那木箱的

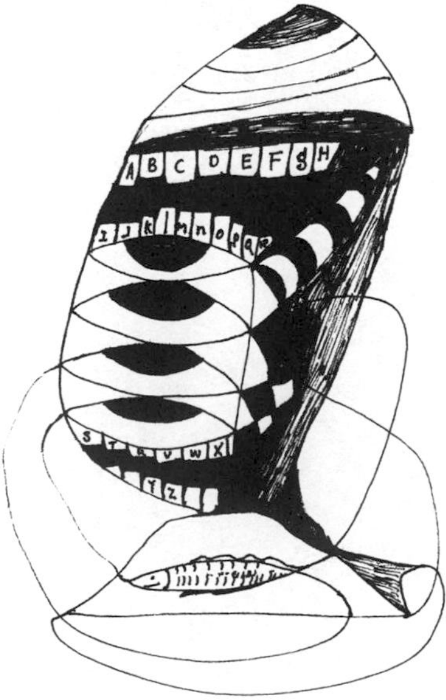

粗糙感和有毒的
聖誕紅

〈我彈吉他〉

我彈吉他
把音樂從錄音帶
救出來

我讀書
把思想從書本
救出來

我吃東西
把媽媽爸爸的嘴巴

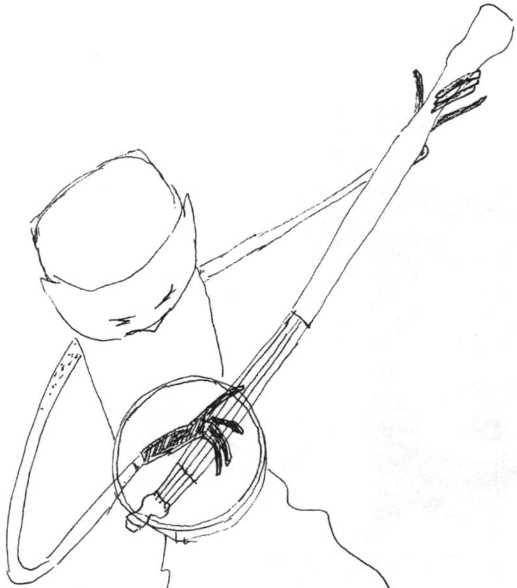

堵起來

我睡覺

把夢從腦海

放出來

越來越像個人

據說，從前有一位日本天皇，把他的小皇太子交給保母的時候，保母問天皇：「陛下，有什麼交代嗎？」天皇答道：「我沒有別的話，我只希望妳把王子教得越來越像個人。」

這段話是我所知道的最為平實、卻又非常震盪我心靈的一則教育哲學：它假定了人天生尚未成人，是要漸漸藉教養才能成個人、像個人。

向來研究教育哲學的人，多半往哲學名著裡去翻攪尋索，理出來的卻成了後設教育哲學。即使不是，也多半將哲學家認定的人生終極的理想及目的，做爲教育的理想及目的而已。

因此，早有人主張教育哲學其實並非必要，反正每一家的說法都差不多！而那相差的地方，又都無關緊要。

在我看來，卻不是這樣。我認爲哲學家的見解，與傳統的大流比起來，都是偏見而已。所見的對象雖然可能是同一個，但觀點及所見的時空座標，多半不同。若能將它們抽象的所得，透過如寫小說建構想像的故事世界的方式去對待，將它們置於傳統的大流中，加以試煉，便能從哲學的專著中走出來，成爲實際影響日常生活、影響民間思潮及行動的「實用的教育哲學」。

從《西遊記》看教育的兩個面

明朝吳承恩的《西遊記》，在我看來，有許多片段，便是將教育哲學的各種各派各流的偏見，加以蒐羅整理，並賦予肉骨健全、形象活潑的具體典式。說他是教育哲學的奇葩，實在不算誇張。

《西遊記》厚厚一本，內容非常豐富，我現在只取其中第一回與第二回的某些部分，做爲本文重建及討論的對象。

通常講論教育的人，可以從兩方面來說。

一則是教育主權方面的事。那就是：教育應該由誰來辦？我想，沒有人會反對，教育應該由懂得教育的人、瞭解教育的人來辦。可是，怎樣才算懂得教育、瞭解教育呢？要滿足什麼條件才構成瞭解呢？

我們知道，瞭解可以從國家或政府的觀點來看，可以從講究人與神的關係的教會觀點來看，可以從人與社會的關係來看，可以從人與大地的關係來看，可以從孩子的父母的觀點、小孩的老師的觀點來看。更重要的，是從受教育者——「小孩」的觀點來看。

除了教育權分配的進程之外，教育哲學的另一種進程，是就知識、智慧、技能、習慣本身及其環境、教育者及受教育者的心智結構進行深刻的理解，找出或創出最理想的傳承途徑。

在我看來，這些哲學或教育理論著作，沒有能夠同時全面照顧上述兩種進程的。

而《西遊記》，卻以小說的筆法，經營出一片值得我們去重新建構並予以分析的教育哲學的園地。

我的目的有三：

第一，企圖開啓從小說或故事中去重構教育哲學的研究方式；

第二，在我看來，過去講究教育哲學的人，雖然有如李卓吾等強調童心的思想家，但是，多半都只重視成人的、權威的、教授者的、養育者的意志觀念與愛心，沒有提到尊重幼弱者意願的。只有《西遊記》，我看到受教育者、求學者的意願理想及目的，受到了尊重。吳承恩也提出專業於知識傳承的教師，如何面對這種要求權威對自由讓步理想的典型的反應。我想藉重構的方式，將這兩種現象或特點彰顯明白；

第三，我相信應用這種重構研製出來的成果，本身就是一種思考的實驗。它是一種邀請，邀請讀者來做類似的思考實驗，以求自身的教育理念的重構，是哲學教學上的一種工具。

◎方法

對於小說或其他非哲學性作品，做哲學性的重構與分析，有很多的方式。在此，我只簡單說明我將採取的方式。

我將所要處理的素材，分爲兩個部分：場景、情況與思考主體的描述；思考主體彼此間對話的過程、方式與內容。

下文只處理思考主體的對話，這不表示對場景、情況與思考主題的樣態的忽視。只因爲在一篇短論中，無法兩者同時照顧，才如此決定的。而且，爲了更能集中注意及焦點，除了必要的轉接處，其他的描述都予以略去不討論。這樣雖然容易造成被動想像依據貧乏的情況，卻有利於突顯思考軌跡的明晰性，以及對大膽運作主動想像的邀請。

◎重構

從前，有一隻猴子，是隻石頭猴子。他後來當了猴王，住在一座花很多、果實也很多的山上，過著快快樂樂的生活。

有一天，他覺得生活雖然好，總是會老、會死掉，他不想死，也不想老，便想要學得長生不老的方法。

他想到了就立刻動身，爬過高山，飄過大海洋，找到了一個好老師。那老師是一個老老的老男人，他有多老呢？可以當任何人的祖父那麼老。

老老的老男人問他：「你姓什麼？」

小小的猴子王回答：「我沒性。人罵我，我不氣。人打我，我不怒。我還常常跟人家說對不起。我沒性。」

老男人：「我說的不是性格的性，我說的是你父母姓什麼的姓。」

小猴王：「我也沒有父母。」

老男人：「沒有父母！那你是樹上生的嗎？」

小猴王：「不是樹上生的。我是石頭裡長出來的。」

老男人：「石頭裡長的！太好了，天地間像石頭那麼好的東西很少呢。你那麼小，像是可以當我的小孫子，我給你姓孫好了。」

小猴王：「謝謝老師給我取了姓。有了姓，也該有名字，人家才好叫我，不是嗎？」

老男人：「是的，你就叫孫悟空好了。」

孫悟空得了姓名很高興，便留下來，和三十多個同學一起生活，掃地、挑水煮飯、採水果、洗衣服、看顧貓狗、聊天、招待客人、練習寫字、種花、除草，什麼都做。有玩的、有吃的，也都少不了他的份。

有一天，老師在上課，孫悟空在旁邊聽，歡喜得抓耳撓腮，眉花眼笑，跳起舞來了。

老師：「孫悟空，上課怎麼跳起舞來了？」

孫悟空：「老師，你講得太好聽，我太喜歡了，就忍不住揮手跳腳啦！」

老師：「你來這邊多久了？」

孫悟空：「我不知道，只記得我到後山去吃過七次桃子，每次都吃飽飽，好好吃！」

老師：「桃子每年生一次，那你就是來了七年。七年了，你在這裡學到了什麼？」

孫悟空：「你教的我都學，你教的不是叫做『道』嗎？」

老師：「是『道』，沒錯。可是，『道』又有三百六十種旁門，每種旁門都可以有好的效果。你想要學哪一門？」

孫悟空：「老師你決定，我注意聽，跟著學就好了。」

老師：「我教你『術』這一門的道，怎麼樣？」
孫悟空：「術門的道是什麼意思？內容如何？」
老師：「術門學的是請仙扶鸞、門卜楪蓍。學會了就可以知道要怎麼樣掌握到有好處的機會，躲避災難與不利的道理。」
孫悟空：「學會了這個，能夠永遠活下去嗎？」
老師：「不能夠，不能夠。」
孫悟空：「那我不要學，我不要學。」
老師接著說：「那我教你『流』這一門的道，怎麼樣？」
孫悟空：「流門裡有什麼東西？」
老師：「流門裡有儒家、釋家、道家、陰陽家、墨家、醫家，或看經書，或念佛，並努力追求眞理、學做聖人等等。」
孫悟空：「學會了這些，能夠永遠活下去嗎？」
老師：「學會這些要想永遠活下去，像是『壁裡安柱』。」
孫悟空：「老師，我是個老實的猴子，要直直說，你用流行的俗話打比喻，我不懂。請你解釋，什麼意思？『壁裡安柱』是什麼意思？」

老師：「蓋房子，要求堅固，在牆壁中間，立一條大柱子。可是，久了，柱子會腐朽，大廈也要倒的，沒有用呢。」

孫悟空：「照你這麼說，學會這個也沒有用，不能永遠活下去，那我不要學，不要學。」

老師：「那我教你『靜』門的道，怎麼樣？」

孫悟空：「學會靜門的道，能夠有什麼好效果？」

老師：「學這個，要休糧守谷、清淨無爲、參禪打坐、戒語持齋，或睡功、或立功，並入定坐關等等。」

孫悟空：「學會了能夠永遠活下去嗎？」

老師：「學會這些要想活下去，比如『窯頭土坯』一般樣。」

孫悟空：「老師，您眞是有些滴噠，我剛剛告訴你，我不會流行的俗話，不懂比方，請你解釋什麼叫做『窯頭土坯』？」

老師：「窯頭上造成磚瓦之坯，雖然成了形，沒有經水火的鍛鍊，一旦下起大雨來，就一定會爛掉！」

孫悟空：「這麼說來，學會了也不能永遠活下去，那我不要學，不要學。」

老師：「那我教你『動』門的道，怎麼樣？」

孫悟空：「動門道到底怎麼樣？請說明清楚一些。」

老師：「學這個要有為有作、採陰補陽、舉弓踏弩、磨臍過氣、用方炮製、燒茅打鼎、進紅鉛、煉秋石、喝婦人乳等等。」

孫悟空：「學會這些，能夠永遠活下去嗎？」

老師：「學會這些要想永遠活下去，也像是『水中撈月』。」

孫悟空：「老師你又來了，什麼是『水中撈月』？」

老師：「月在空中，水中有月影，我們看得見，只是如果下水去撈，便只會得到一個無。」

孫悟空：「那我也不要學，不要學。」

老師：「你這個猢猻，這也不要學，那也不要學，你到底怎麼一回事？」

老師說完，就離開教室，留下同學在那裡，有些人便罵孫悟空不應該頂撞老師。

可是，孫悟空知道老師不是生氣。後來，老師在私下教他許多東西，直到他後來離開老師回到花果山爲止。

掌握學習的主動性

從上述《西遊記》第二回，孫悟空與他的老師菩提祖師之間一段對話的重構，我們可以看得出來，孫悟空充分掌握了本身的學習——他清楚明白自己要的是什麼，並且以坦白直接的方式表達出來。他的求學是主動的，他知道要什麼、怎麼要、要多少、什麼時候要。他能夠對權威說：「不學！不學！」老師說的話他不明白的時候，立刻就要求解釋或說明。

我們說，學習最重要的是要「學會學習」，而學會學習最重要的是要「學會傾聽」、「學會發問」。吳承恩在這裡賦予孫悟空主動學習、善於學習的特性與本事。

而菩提祖師，雖然表面上仍然是傳統老師的形象本色，實際上，當孫悟空要求說明的時候，他一點架子也不擺，立刻予以充分的說明。當孫悟空表示他要的，與老師要教他的不相符、不要學的時候，他並沒有指責，而且立刻提供另外一個可能性，完全是站在協助的立場。菩提祖師對自己所要教的東西，都能做很公正的評論，知道那些與長生不老沒有助益，就毫無保留的說了出來。

在這段簡短的對話中，《西遊記》的作者吳承恩，賦予孫悟空決定自己學與不學的自由，決定要學什麼的權力，並且讓孫悟空能將自己的意見跟觀念充分表達的自由。這在中國哲學之中，或整個華人文化之中是沒有見過的。他不但賦予孫悟空這些自由，也描繪出一個理想教師的謙容舉止及誠實思考，展示出這個教師選擇保留想法及表達觀念的典例。

老師本來代表一種權威，他最應該避免的是濫用權威，而不是放棄權威。在吳承恩的筆下，菩提祖師的權威，建立在他的能力之上，這種權威是成全學習者開發自由的一種方便。

孫悟空後來離開菩提祖師的時候，菩提祖師要求孫悟空不可以說是他的徒弟，而孫悟空也明白的表示，他會說這一切是自家會的。從這一點可以充分看出來，吳承恩的師生關係的理想境界，和中國傳統非常重視師道的信念很不同。他強調的是，「權威」做爲一種方法與態度，應該是用來養成學習者自身的體悟，用來主動學習跟自由學習的一種方式。

吳承恩這種筆調，就兒童文學的角度來看，我們應該給他一個很特別的位子，對兒童來說，他展示的是對權威的反抗，而他反抗的目的是要獲得自由。就成人來看，他是給權威者一個同情幼弱、妥協後進的智慧榜樣。

「入格」與「破格」

自古以來，給兒童看的書，除了一些知識技能的糧食之外，便是一些勵志的故事。可是，像《湯姆歷險記》、《小婦人》、《彼得潘》、《愛麗絲夢遊仙境》，所展示的就不只是這些了，它們都深受小孩的喜愛。

小孩喜愛它們，不是因爲它們教人向上。它們使人解放，使人自由；它們傳播各種夢想及不服從、反抗、頂嘴的功夫；它們描述離家出走的方式，及離家出走所能帶來的美好；它們教人如何藏好說出來不被大人贊同的內心思想；它們諷刺學校、家庭，及各種社會學問的顢頇、愚蠢。

人之初，對人的社會是陌生的，在成長的過程中，才一步一步的學會做人，做出和大家差不多的樣子，入了「格式」，這叫做「社會化」。

教育不只是要使人和別人差不多，也要做自己。自己不只是要能夠入「格式」，而且要有自己的風格和特質。

「風格」是從格式中走出來的風度，是解放的歷程中累積出來的智慧總稱。

大人給小孩的教育，應該有兩個部分：一是讓小孩跟別人差不多；另一是做自己，和別人不一樣。前者是社會化，是「入格」的教育；後者是獨立反省思考的自由化、個體化，是「破格」的教育。

《西遊記》中教人破格的智慧，一直是受小孩子歡迎的，可是我們在教育哲學上面，卻從來沒有看到專家提到這一點。

寫到這裡，我把眼睛閉住，在冥冥之中，似乎看到了一個瘦瘦的小猴子，面對著人間智慧的偉大傳統，挑三揀四的不斷喊著：「不學！不學！」一派主人翁的態度，十分教我敬佩。

我的塗鴉

15

松樹上的松鼠

〈碗裡有一隻貓〉

碗裡有一隻貓
全身紅毛
臉面一塊青
眼睛是兩個黑夜
至於聲音
只完全的安靜

說實在的
這隻貓是木頭貓
倒是那個碗
裡裡外外長滿雞皮疙瘩
每天每天　我上班回來
一地的疙瘩
掃也掃不乾淨

哲學家威廉·詹姆斯，也是一位心理學家，他常常把哲學與心理學寫得像好看的小說一樣好看。他寫過這麼一段故事。

故事◎機靈的松鼠

深秋的季節，詹姆斯和一群朋友，在白山郊遊野餐。

一群人到了山上，各自活動。午餐前，詹姆斯單獨散步回來，遇到四個朋友圍著一棵樹，正在爭論一個問題，相持不下。

看到詹姆斯走過來，他們就非常興奮的對他說：「你來得正好，我們在爭論一個問題。我們有不同的答案，二對二，解決不了。你來了，恰好！你贊成哪一邊，哪一邊就算對。」

詹姆斯說：「問題有很多種。有的問題沒有答案；有的問題可以有好多種答案；有的問題可以靠投票來解決；有的問題，答案的對錯跟贊成的人數多寡毫無關係。你們要我幫忙，必須先讓我瞭解問題是什麼。」

於是，他們把問題說出來：

一棵松樹的樹幹上，有一隻松鼠。現在，有個人想看樹幹上的松鼠。但這個人的位置，恰好在松鼠的對面。巨大的樹幹，擋住了這個人的視線，於是，他就繞著樹幹轉動。可是，松鼠非常機靈，牠的肚皮貼著樹幹，不管這個人轉到哪裡，牠都剛好在他對面。因此，這個人始終都沒有看到這隻松鼠。也就是說，這一隻松鼠的肚皮，永遠都隔著樹幹跟這個人的臉孔相對。現在問題是：這個人有沒有繞著這隻松鼠轉？

兩個人贊成有，兩個人贊成沒有。請問，詹姆斯贊成哪一邊？

「繞著轉」的意義

詹姆斯說：「這個問題的關鍵是『繞著轉』。當我們說某甲繞著某乙轉的時候，是什麼意思？要解決這個問題，就必須將『繞著轉』這個詞的意義予以分辨。」

詹姆斯看看他的朋友，停了一下。

他又繼續說：「假定，你說『人繞著松鼠轉』的意思是，這個人有時在松鼠的前面，有時在松鼠的後面，有時在牠的左邊，有時在牠的右邊，而且是依著時間的順序會從在前面，到在左邊，到在後面，到在右邊，再回到原點的話；那麼，前面那個問題的答案是：他沒有繞著松鼠轉。」

他的朋友靜默不說話。

「因為，不管怎麼動，他都是在牠的前面，中間隔著一個樹幹。」

詹姆斯又說：「如果，『繞著轉』的意思是，這個人有時在松鼠的東邊，有時在松鼠的西邊，有時在松鼠的南邊，有時在松鼠的北邊，而且，他們的相關位置，會依著時間的順序，先在東，然後在南、在西，最後在北；那麼，這個人就確實有繞著松鼠轉過。」

親愛的讀者，你覺得詹姆斯是不是爲他的朋友將這個問題給解決了？

詹姆斯在故事裡面提到，那四個朋友覺得他的答案對他們一點幫助都沒有，他們還是堅持己見，不做妥協，也不做改變。

詹姆斯博士表示，有些人因爲太喜愛自己的問題，以及自己認爲「對」的答案，以至於沒有辦法接受更合理的瞭解方式或更好的解答。

我的塗鴉

16 畫框裡的小孩與窗外那隻狗

〈雙聲詩（一）〉

蚯蚓
在土裡鑽來鑽去
翻土呀

鳥
在樹林裡飛來飛去
找東西吃呀

在哪裡呢
做什麼呢

在哪裡呢
做什麼呢
還有聊天

蝴蝶
在花朵中間飛飛停停
傳花粉呀

魚
在水中游來游去
沒做什麼　只是玩

蜻蜓
在空中飛呀衝呀
無事忙呀

你呢
你在哪裡

在哪裡呢
做什麼呢
還有吃一點甜

在哪裡呢
做什麼呢
還有減肥

在哪裡呢
做什麼呢
才不是　是快下雨了

我
在和你說雙聲詩呀

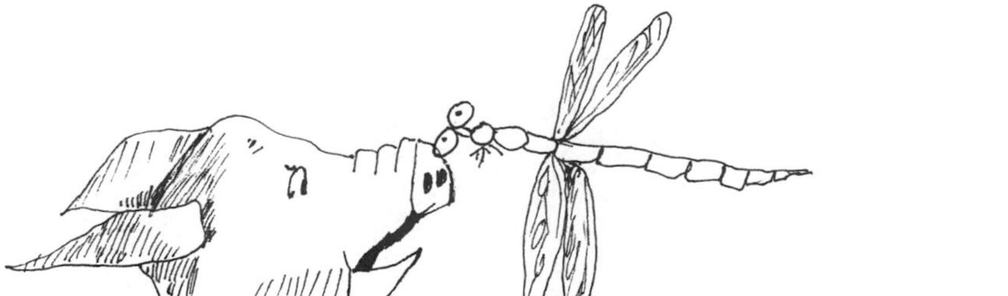

〈雙聲詩（二）〉

小魚在白水裡游啊游　游啊游　游到哪裡去
游上天啊　游上天　你吹牛

小鳥在青天裡飛呀飛　飛呀飛　飛到哪裡去
飛進水裡去呀　鳥飛進水裡去　你吹牛

小孩在街上走呀走　走呀走　走到哪裡去
走去買冰淇淋　去買冰淇淋　真的

首先我要說一個故事。

故事◎畫框裡的小孩

有一個小孩，名字叫做約翰。

約翰是個很愛畫畫的小孩，他喜歡用水彩作畫，他也常常用其他的顏料作畫，他的手指就是他的畫筆。他畫得很好，是一個小畫家。

但是他每一次作畫，總是把家裡弄得亂七八糟，到處都是顏色。有一天，他又在作畫，弄得全身是顏料，要清洗的時候他往鏡子前面一站，哇！他發現自己框在鏡框裡面。

太有趣了，這簡直就是一幅優秀的現代畫。

他說：「啊哈！」然後他把鏡子拆下來，扛著那個鏡框，往小鎮的藝術中心走去。

他從後門走進去，找到一個僻靜的角落，站住。鏡框就擺在自己的面前，他站在鏡框後面，扶著鏡框面帶微笑。

小市鎮的藝術館人來人往，只見一群穿著端莊、談吐高雅的紳士與太太們，遠遠的走過來，走到鏡框面前。

有位老先生指著他說：「這個作品眞是好哇！你看這個小孩子身上那些色彩、那些圖、那些線條，畫得可眞是好，沒有想到這麼小的市鎮也有這麼傑出的作品哪！」

經他這麼一說，他的同伴多半認眞的駐足觀看，表示同意。

批判思考

這一則小故事，是著名心理學家安得森博士，用來展示「批判思考」教學的一個故事。

在美國伊利諾大學研究批判思考的安得森博士，一九九一年到板橋教師研習會演講，介紹「如何運用閱讀，來增進小孩批判思考能力的方法」。我當時應邀做爲安得森博士的即席翻譯，翻譯前、翻譯後都和他做過深刻的談話，感觸頗深。

安得森博士並沒有給「批判思考」明確的定義，只給了一些描述。他在演講中答覆當時中正大學柯華葳博士的問題時，很明顯的表示，他所謂的批判思考，是美國目前在教育界及心理學界所流行的一個廣告用詞。這個研究上及學術上的廣告用詞，它的意義會依據研究者的不同而不同，他不願意給它下定義。

安得森博士用例子來解釋，他說，他希望孩子能夠有批判的精神，希望孩子能透過一種閱讀的程序，獲得像在美國法院裡，律師、法官以及檢察官之間論辯的精神、態度與技巧。

同樣的，他也希望孩子在閱讀中，或者在閱讀的討論中，獲得如美國國會裡議員問政時，議員與行政官員，或議員與議員之間論辯的精神、態度與技巧。

他希望孩子會注意聽別人的話，會守秩序，並且善用程序，會爲自己的主張提出理由加以辯護。

安得森博士也表示，批判思考在西方的哲學傳統裡面，有豐富的理念，卻沒有實際的辦法，可將有關批判思考的教育落實到學校或家庭教育裡。他的研究，就是要將批判思考的教育，從理念的層次，落實到可以推展的教育步驟。

他的做法很多，閱讀只是其中的一個方式。

小孩在學校裡讀完上面那個故事之後，老師會向小朋友提出關鍵性的問題：

「約翰拿著鏡框到藝術館去展示，他站在鏡框裡，這到底算不算是一種藝術？」

「約翰身上那些點滴，那些色彩，是不是約翰的創作？」

老師提了問題之後，小孩就針對這兩個問題來討論，當然，有人主張是，有人主張不是，有人下不了決斷。老師再讓這些小孩爲自己的決定提出辯護的說明，對別人的主張如果不贊成，也要提出理由。

小朋友們的意見有不相同的，例如：有些贊成約翰衣服上的那些色彩構成的東西不是畫；有些認爲是。又例如，有些人認爲約翰是畫家，因爲他畫了這幅畫；有些人則認爲他根本不是一個畫家，因爲那些東西不是他畫的；還有一些人沒有辦法做決定要贊成哪一邊。

安得森博士的實驗教學裡，讓小朋友爲自己的主張，提出辯護，說出理由；也對別人的主張，提出詢問，要求理由。他讓相對的兩方有充分的時間跟機會，相互論辯。然後請那些尚未決定的人，在聽了這些論辯之後提出意見，看看是不是有了改變，如果有改變，請他們把改變的理由說出來。當然，之前論辯的雙方，也都能改變，但是有改變的，也可以把理由改變的過程說出來。

從這種做法跟描述看來，安得森博士所說的批判思考，是以美國社會的制度、法律的制度之中，成人在做公共決策，或是法院裡法官、檢察官以及律師在做論辯的時候，所採取的論辯模式做爲典範。

窗外那隻狗

下午兩點鐘，窗外出現一隻狗。每天下午兩點鐘，窗外就出現那隻狗。

如果我們想像自己是德國哲學家康德（Immanuel Kant），我們會問：「我怎麼知道，今天出現的這一隻狗，就是昨天那一隻狗呢？」

爲了解答這種問題，我們可以從英國經驗論的傳統去看，也可以從德國觀念論的傳統去看。

康德不想完全跟隨英國的傳統，也不想完全跟隨德國的傳統，他從「知識的來源是什麼？」的這個問題跳脫出來。

他主張要先認眞思考：知識的判準到底是什麼？人是以什麼來獲得知識的？他要對人獲得知識的可能性加以認識和探索。換句話說，他要對人獲得知識的可能性加以批判。

康德的哲學被哲學史家稱爲是「批判哲學」，更進一步說，他的哲學是對人的認識加以批判。他關心的不是論辯的形式，也不是在制度上操作的步驟。所以，他的批判與安得森的批判有很大的差別。

安得森主張的批判，是對別人意見的批判；而康德的批判，是針對心靈運作形式及內容加以批判。

就拿窗外那隻狗來說吧！依康德的反省，當你已經認定今天窗外那隻狗，就是昨天窗外那隻狗，接下來你要問的是：自己怎麼會這樣認為呢？依據什麼呢？是把今天看到的，與以前記憶中的印象做比較？可是，兩個相同的印象，一定是來自同一個個體嗎？而安得森的批判裡面，是不會觸及這種反省的。

這兩種主張，表面上看起來很不一樣，可是認眞再想下去，人是社會的動物，我們的思考經常是跟別人合作的，思考往往是一種團體的活動，並不是無時無刻都是孤伶伶在進行的。這個假定如果成立，安得森的主張便値得我們重視。

只是在技術上我認爲：小孩在讀完老師所選的文章之後，應該有機會提出自己認爲有興趣、自己關心的問題，並且加以討論。

我這樣主張的理由是：問題的發生、問題的選定、問題的提出，是批判思考的重心。一旦問題由一個權威來決定，接下來的討論，不管進行得如何順利，那思考都只是局限在問題解答的各種可能性範圍之內，不太可能涉及更根本的對人心、對制度的深刻批判。

批判是瞭解的方式

一直以來，美國的心理學界及教育界，對思考做了很多的研究，也有許多機構設計了很多教材、提供了很多教法，來改進思考教育。「批判性思考」與「創造性思考」是其中兩項非常受重視的東西，可是大家都在做瞎子摸象的事情。

台灣也有很多人引進這些設計，不管什麼東西，一引進來，便大力推展。但是，學術界並沒有連帶將美國社會對這些設計的批評，一併介紹進來，我覺得這是很大的一個缺陷。

我們的學術界對本土正在進行的研究或制度，很少有人認真的去面對，例如：功文數學、國民數學、創造性思考、多元智慧……等等，只聽到推展的人努力推展；不贊成的就隨口謾罵，以輕蔑的口氣輕描淡寫的說上幾句，卻不見任何經過認真的研究之後發出來的聲音。這正是我們缺乏批判思考的例證。

比如近來熱議的「翻轉教學」，其實就是兒童哲學的一部分中的一小部分，在李錫津任台北市教育局長（一九九九年）時，我們在台北所施行的生活哲學就大力推行過，許多目前還在學校的老師、校長都接受過。爲什麼沒有人指出來反省，與現在由日本引入的「翻轉教學」做比較呢？

批判，是一種瞭解的方式，他必須認眞的去找尋證據，形成理由。主觀的意見，是研究的起點。當主觀的意見拿來影響群眾、拿來做公共決策的指導原則的時候，就必須要有足夠的證據及良好的理由去支持。

批判的意思就是，認眞而開放的去瞭解，去找證據，去形成理由；對自己的意見所依據的判準，要能夠懷疑，要能夠做公平的比較，要能夠修正。

而這種素養，最容易、最方便、最自然的培養方式是——營造機會，安排情境，使人能夠放心大膽的將心中的問題提出來；其次才是對所提出來的問題認眞的思考。

我的塗鴉

17

小孩和神明一起吃葡萄

〈寶貝的葡萄歌〉

我的名字叫寶貝
我不愛哭　我不愛鬧　我愛吃葡萄
我最愛唱歌　唱歌給人聽
坐好　坐好　請大家坐好
我來了　我來唱歌給你們聽

啊哈　媽媽蹲下來

媽媽抱我　放在膝蓋上頭
媽媽的膝蓋船　搖啊搖
搖到外婆橋
爸爸說外婆住在美麗國
搖啊搖　搖到番薯國　爸爸說

姊姊來抱我　歐呵　歐呵
歐呵　伊呀　伊呀　歐呵
姊姊和寶貝
喝茶　喝茶　大人喝茶　我要喝茶
小孩喝開水　不喝茶　媽媽說

喝茶　喝茶　我要喝茶
葡萄　葡萄　我要吃葡萄

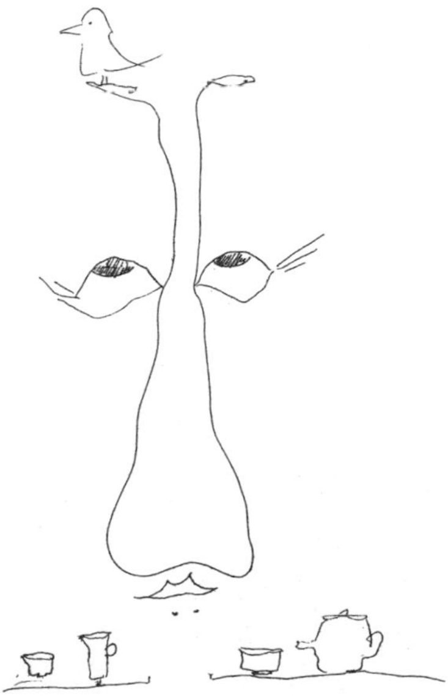

啊哈　喝茶吃葡萄　啊哈　喝茶吃葡萄
是雞嗎　雞吃玉米我喝茶
雞拜神明　神明爬樹　爬樹的神明掉下來
掉下來的神明是樹葉　是小魚　小魚游走了

洗澡　洗澡　去洗澡　媽媽學我也唱歌
葡萄　葡萄　給我葡萄　吃了就洗澡
洗澡吃葡萄　葡萄洗澡　寶貝洗腳
一粒一粒　又一粒
寶貝是積木　一塊一塊又一塊
葡萄寶貝　好了好了　不丟了　不丟了　寶貝

沒電了　海嘯了
大人都走了

神明留下來
姊姊和我和神明
一起祈禱說平安　平安葡萄　紫色的葡萄
葡萄平安　拜拜　紫色的葡萄

神明吃過的葡萄完美無損

農曆年時，那個家，全家聚在一起，拜拜，祭祖先，敬神明。供桌上，許多水果，一大把鮮花，沒有雞鴨、魚、肉，連蔬菜也沒有，水果中最醒目的，是那一大盤堆高起來的紫色葡萄。他們是素食之家。

燒了香，接下來就是等待。等待中，大家圍著供桌，大人聊天，久不相見的親戚相互問候、通消息，交換關懷；小孩與狗與貓，嘻鬧喧嚷，天倫和樂的氣氛，濃郁溫馨。

「媽，我要吃葡萄！」四歲大的純智，伸手拉拉媽媽的長裙，另一手指著供桌上那一大盤紫色的葡萄。媽媽本來和孩子的姑姑在討論學校裡教學遇到的一件有趣的事，他們都是中學老師。

媽媽先對孩子的姑姑說了一聲「抱歉」，才低頭，壓低聲音對純智說：「現在不能吃，等拜完才可以吃。」

「爲什麼？」純智也學媽媽壓低聲音說：「我想現在吃。」

「現在神明在吃，吃完才輪到我們吃。」姑姑企圖協助。

純智的眼神中有驚怕，「等神明吃完？吃完就沒有了！我要吃，我要和神明一起吃！」聲音越說越大。

「怎麼可以和神明一起吃，你這孩子，不懂事。」爸爸說：「神明吃和我們吃不一樣，神明吃過的葡萄，完美無損，還可以吃。」爸爸聽見自己說出來的解釋，大概也覺得不妥，說完之後走開，去找別的大人說話。

「爲什麼我們不可以和神明一起吃？」純智在問問題：「爸爸騙人，神明吃掉的葡萄，完美無損！什麼是完美無損？」

「純智，爸爸沒有騙人，你等一等，等神明吃完，我們燒好金紙，你就會看見每一粒葡萄都和沒有人咬過一樣，而且，一樣甜，一樣好吃。」在大學教書的阿嬤靠過來說。

「吃完了又還在？」純智和阿嬤很親，可是純智還是疑惑。

「是，神明吃過的東西都和沒吃過的一樣。」姑姑堅定的說。

「騙人！」純智又開口哭鬧，雙眼緊閉，一滴眼淚也沒有流出來。

「姊姊，妳去告訴弟弟，不要鬧了，葡萄又不會跑掉。拜完，燒金完畢，就可以吃了。葡萄不會被神明吃掉，妳知道的。」媽媽求八歲的姊姊純慧協助。

純慧早就準備好要協助了。弟弟和她最要好了，很聽她的話。

「弟弟，我幫你問一下，神明說你可以吃，你就吃；神明說你要等祂們吃過，你才可以吃，你就等一等，好嗎？」純慧說得很慢很小聲，別人是聽不清楚的。

純智聽話時一直點頭，表示有聽到、有聽懂。聽完之後，卻繼續又叫又鬧，要吃葡萄就是要吃葡萄。

純慧兩眼發直了三、四秒鐘，微笑說道：「弟弟，不要再哭了，我要問神明了。」

純慧用力慢慢的說完這一句話，轉身，伸手，從供桌上取下一對「筊杯」，握在雙掌中，向神明拜了三拜，小聲說：「神明，我弟弟純智很想吃葡萄，他現在就要吃，可以嗎？」說完，她向神明鞠躬，拜了一拜，然後鬆開雙掌，擲筊杯。

筊杯落地「波」一聲，兩片杯都向上，那是「笑杯」。大人這時都圍過來。「再擲兩次，」祖父在教純慧：「兩片都朝上是笑杯，兩片都朝下是陰杯，一片朝上一片朝下是聖杯，那就是可以或對的意思。」

聽完祖父的話，純慧又擲了兩次筊杯，都是笑杯，周圍的大人哈哈笑開了。「神明都覺得好笑！」大家說。

「可不可以吃？」純智小聲問：「好笑，嘻，可是好笑不是不可以呀！」

姊姊再擲了三次筊杯，三次都是陰杯。「神明說不可以吃。」祖父說。

純智看看純慧，他在閱讀姊姊的表情。姊姊表情有點難過。

純智突然大聲說：「我要自己問。」說完，他就學姊姊，擲了三次筊杯，結果一次笑杯，兩次聖杯。

「可以吃，神明說的。」純智的爸爸說，可是他接著大聲而堅定的說：「不可以吃。」

「爲什麼？」純慧和純智一起大聲問。

「沒有什麼爲什麼。我說不可以就不可以。再過十分鐘，燒金，燒好金就可以收了，你們就可以吃。」孩子爸爸的話充滿權威，小孩的祖父、祖母、姑姑、媽媽，所有大人聽了都皺眉，卻沒有人說什麼。

純智又哭了起來，純慧蹲下來小聲和他說，說了好久，說到純智睏睏的，睡了。醒來時，他完全忘了吃葡萄的事。媽媽晚飯之後提醒他：「純智，你不是要吃葡萄嗎？可以吃了。」

「什麼？吃葡萄，好吧！」

雖然牠們都是假的

過了年，我到美國去，拜訪正在芝加哥大學進修的女兒楊靈靈，說了這個例子。並且告訴她，我們有一天應用談話性的閱讀方式，談劉旭恭的書《橘色的馬》，並做即席的演出，演出後做了哲學討論，討論中有學員談起「儀式」與「戲劇」的同與不同，我就拿這個例子出來分享。

靈靈說：「我覺得拜神、祭祖先是一種儀式，而姊姊的『表演』是一種由儀式發展出來的戲劇。要看你信不信神，信神的人看和不信神的人看，可能不一樣。還有，要看有沒有觀眾而定，祭拜都是儀式，沒信仰的人看來，全部都是假裝。假裝英文叫make-believe，譯成中文，也可以叫『佯信』。有一本書《*The Natural History of Make believe*》，其實就是以幻想爲主軸去論兒童文學史的專著。」

「妳進了研究所學會吊書袋，請不要吊書袋了，可以說說妳小時候的經驗嗎？」我說。

「讓我想一下……喔，對了，我小時候要養狗，你說我已經有狗了。可是，那是我的布偶狗，每天陪我睡覺。我說：『那又不是眞的狗。』你就用力打了一下我那隻狗，我立刻很生氣的大聲抗議說：『你怎麼可以打牠，牠會痛！』我當時眞的覺得牠被你打痛了，雖然牠是一隻假的狗——我是說，牠比眞的狗更眞實，感覺上。你明白嗎？」

「我明白，」我說：「而且妳媽媽說妳那幾隻小玩偶：渥渥——那隻狗，花花——小兔子，在日本東京動物園買的那隻熊貓，還有葉盛虹送妳的、可以把自己吃掉變成一個雞蛋的法國雞。記得嗎？」

「記得。嗯，我好想念牠們。」

「妳媽媽說，那些動物現在全都在她的研究室，變成她教中文的『教具』。用牠們時，總是想到妳小時候的一些事。」

「媽媽有牠們陪眞好，我得謝謝牠們，雖然牠們都是假的。」靈靈說：「我現在來給媽媽斯凱皮（Skype）一下，謝謝她照顧我的動物，雖然牠們都是假的。」

18 胡言亂語

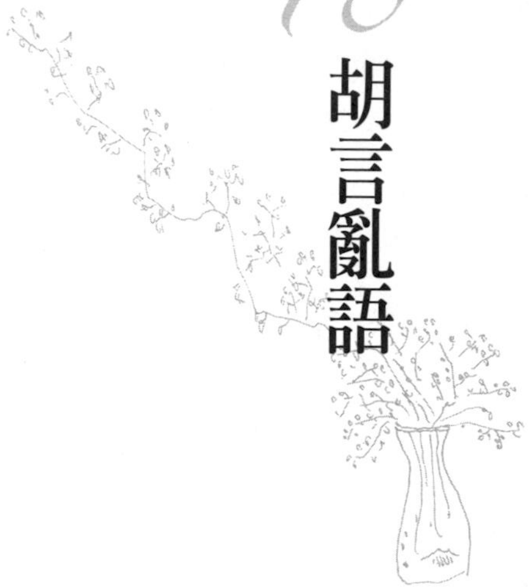

〈一粒花生米〉

一粒花生米
落到鐵軌上
火車來了
花生米蹦蹦跳
我要去旅行了
第一個輪子說：「花生米。」

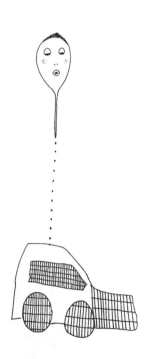

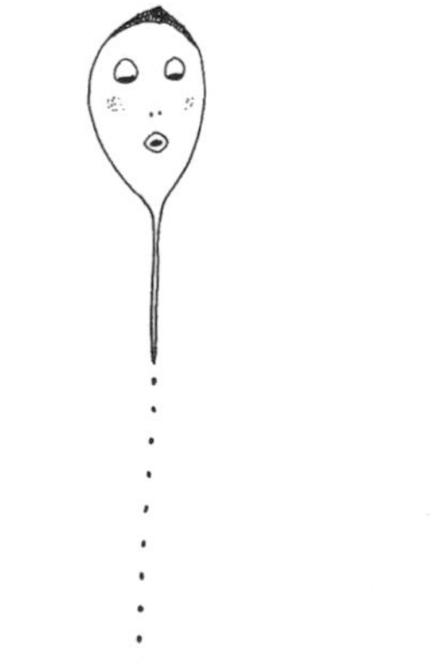

第二個輪子說：「花生醬。」
第三個輪子說：「好香，在哪裡？」

〈鴨子鴨子〉

從前從前
有一隻鴨子
這隻鴨子喜歡吃沙子
牠吃了沙子
變成了啞子

這隻啞鴨子喜歡吃蝦子
牠吃了蝦子
變成了瞎子

這隻又啞又瞎的鴨子
沉到水裡面去
遇到了一支夾子

夾子　夾　夾　夾
鴨子　嘎　嘎　嘎
加嘎　加嘎　加嘎　加嘎　加嘎
嘎加　嘎加　嘎加　嘎加　嘎加
你猜　是夾子在夾鴨子　還是鴨子在夾夾子

童年的胡言亂語

小時候，大概五十幾年前。我看爸爸在讀一本紅紅的大書，那是從德文翻譯的日文書。

我父親讀書，總是把它唸出來。趁他不在，我從書架上把書拿下來，捧在手上，然後把弟弟妹妹叫到面前。

「來！好好的聽，哥哥唸故事給你們聽。」我不會日文，連中文也還不太會，只好亂發音，學著爸爸的樣子和神態，唸出一串好像日文的聲音，還不時停下來，問他們：「懂不懂？好聽嗎？」

「懂！懂！好聽，好聽。」他們非常合作。

當然，笑呀，鬧呀，是免不了的。有時，遠遠聽到爸爸的腳步聲，就趕快把書放回原位，裝成沒事一般。

一直到了讀高中的時候，偶然間，在家裡的書櫥最內面的角落，不小心翻出那本書，才知道，我讀的第一本故事書是馬克思的《資本論》。

我大哥也喜歡在家裡唸書，他唸的是英文。

他不在時，我也把他的英文書拿來亂唸一氣，學著哥哥的口氣跟樣子，做出奇怪的捲舌，當然也沒忘記把弟弟妹妹叫到跟前來聆賞我的演奏，他們也非常合作，做出聽得心醉神迷的樣子。

「懂嗎？好聽嗎？還要聽嗎？」我問。

「懂！懂！好聽，好聽。還要聽，再說。」

當然，笑呀，鬧呀，還是免不了的，有時他們也會要求輪流做演奏者。哥哥回來時，我們也會裝作沒事一般，只是忍不住的亂笑，讓不知前因的大人莫名其妙。

這種事做多了，有時我們也不用書，幾個小孩，因爲媽媽的早早過世，爸爸、哥哥、嫂嫂都忙著做事，我們在家，就常常胡言亂語，發出一些聲音，裝出聆聽、討論、聊天、吵架、討價還價……等等的動作與樣子來。有時，我們也會把日常用的話語編進去，多半想像自己是在說外國話。

我想，我們童年的快樂裡，有很多是在這種胡言亂語中營造出來的。

少年的胡言亂語

在輔大念哲學系的時候，老師多半是神父。這本書初版時，他們都已經七、八十歲了，如今絕大部分都已往生。有時我不免想像他們到底是在天堂，或是在另外的地方？將來我有機會和他們見面嗎？

這些神父很多是外國神父，有義大利、德國、法國和西班牙等國，有些是從國外回來的本國神父。

哲學名詞中有許多陌生難以理解的語詞，問了他們，他們有時寫出德文，有時寫出法文，有時寫出西班牙文，但總不忘記順便把拉丁文註寫出來。他們僅僅只是翻譯，沒有好好的解釋，想來實在跟我小時候的胡言亂語差不多。

大二，在迎新晚會上，我和同學許博安、游禮路、詹錦城，編了一個翻譯的遊戲劇：由我學龔士榮神父（他是我們的拉丁文老師）的神態，胡說拉丁文、法文、德文和西班牙文；許博安假裝認眞的將它們一句一句翻成手語；游禮路又將它翻成閩南語；詹錦城將它翻成客家語；然後再請那些只會說國語的人，譯成國語。如此這般，笑鬧成一團。

看起來是不是有一點點像義大利電影「美麗人生」中假翻譯的那一段？電影中的男主角，假裝用義大利話，將他聽不懂的德語翻譯成義大利話，他其實只是用義大利話，說出他自己心中的期望與故事，來安慰他的小孩罷了。

我們的遊戲，純粹只是一種玩口音、玩聲調，把語言當玩具，假裝捕捉意義的遊戲，而這個意義，一直到後來我在學德文的時候，才體會出來。

青年的胡言亂語

在輔大念博士的時候，我去德文系一年級修德文，第一堂課是孫志文神父的課。

孫志文神父會一點點中文，他的語言學博士學位是美國的，當然也會英文，但是輔大德文系用的是直接教學法，上課時，他不用中文，也不用英文，他只用德文。

我是老學生，平時常跟他一起踢足球，和他談語文教學的問題，有時也會跟他到學校後面的泰山去爬山。第一堂德文課，雖然聽不懂，可是看他的神態，聽他的口氣，從他的舉手投足及身體語言的表達，我猜想他是在介紹德文系，概說一些行政上的安排和介紹他自己。講完了之後，他要同學上台自我介紹。

第一個輪到的就是我。

我開口用中文介紹自己，他馬上用德語說：「不！不！」我改成用英文自我介紹，他又用德語說：「不！不！deutch bitter（請用德語）。」

孫神父是個幽默的人，大家想他是在開玩笑，要把課堂的氣氛弄得幽默一點，可是，剛好我也是個愛玩的人，逮到胡言亂語的機會，怎麼可能放過？我把小時候在家裡玩的那一套，搬上檯面，假裝用德語，胡言亂語的介紹起自己來。只見台下一群大一的新生，倒的倒，笑的笑，有哀嚎的，有捶胸頓足的，反正很快樂就是了。

下課前，孫神父用中文說：「herr yang（德文：楊先生）的自我介紹，非常好。」

我說：「神父，你在取笑我。」

孫神父說：「不是，你說的雖然是胡說八道，但聽起來不是國語，不像拉丁語，不像法語，也不像義大利語或英語，你是在假裝講德語，而且整個感覺也比較像是德語。你已經掌握了德語的語感了。」

課後，同學來問我：你怎麼那麼敢亂說？

多年之後，我開始想，學一種語言，確實是如同哲學家維根斯坦說的——是在學一種生活方式。最重要的能力，恐怕是勇氣、猜測與模仿。表達包含瞭解與確認，而猜測除了願意冒險之外，還要有勇氣在公眾面前模仿，且模仿是全身的學習，整個統合來說，是一種能力，更是一種態度。

表達的意願與勇氣，猜測的能力與態度

在語言教學的過程中，最壞的情況是：學習者沒有勇氣犯錯，不敢猜測。學習新的語言，不管是誰，都要敢說出不太有把握的東西。在試探與確認之中，來回演練，才能夠掌握文法的規則、意義的音樂性，以及氛圍安排的精妙。我們才能用聲音，或是圖像，或是肢體動作，或是書面語文，來包裝自己的意義，將它傳送給別人。同樣的也才曉得，把別人傳送過來的東西，所含藏的意義解放出來。

因此，才會產生「我讀一本書，我把意義放出來；我唱一首歌，我把快樂放出來」的詩句。

語言與文化的學習中，「表達的意願與勇氣」以及「猜測的能力與態度」，很少受到照顧。

在我的經驗裡，過去幾十年來台灣的教育，不管是數學（人造以及科學的語言），或是英語文，或是國語文，在學習的過程中——數學的要求精確；英語文的要求發音標準和要求文法正確；國語文教學中，忽略言說語文和書面語文之間相互過渡

的困難——使得學習者不管學會了，或是沒有學會，在勇氣以及猜測方面，都受到太多的挫折與打擊，或被刻意的忽略。由於怕怕，不敢錯，乃至不敢表達。

對於沒有把握的東西，缺乏猜測的能力，缺乏試探的勇氣，結果不只是對知識的冷淡，同時也對自己的能力，失去了應有的信任。怎麼辦？

近年來的教育改革裡，等待我們去做的事很多，這就是其中的一個。

如何在我們迎接文化的新成員的過程中，杜絕「把人教會，把人教不敢」的惡名？使得我們的新成員，勇於試探，善於猜測。

就是飽學之士，也瞭解到：「為了避免錯誤，得要容忍且正視錯誤。把錯誤，不管是別人的，或是自己的，當作是一種試探的伴隨現象，一個進步的機會，一個改善的可能性，而不是處罰或是內疚的開始。」

怎麼辦？

當作遊戲來玩

教育改革（我指的不只是台灣的教育改革，而是指全世界，每隔一段時間，就會產生的那種教育改革）的過程中，除了我們耳熟能詳的那些理想與方法之外，我想在語文教育及文化的學習上，提供一些可能的幫助。

在意義的包裝中，能夠把意義解放出來，比較重要的一件事，是要能夠把包裝以及解放，當作一種遊戲來玩。

就因爲它是遊戲，所以得失只在有趣與無趣之間徘徊。如果這些遊戲，後來能夠變成方法，那麼學習本身，就變成了遊樂的副產品。人就能夠在不知不覺中，掌握到形式學習裡面最困難的精髓。

比如，學習語文的時候，文法是很困惑人的；學習邏輯的時候，形式化的過程，是很困惑人的；學習代數的時候，文字數的介紹與理解，是很困惑人的。他們的困難是同類的，都是要從具體之中，抽離出普遍抽象的結構。一般的學校，一般的課程設計，都是用嚴肅的面孔、令人肅然起敬的態度來加以對待。其實，這是很可惜的。

我們知道，我們說的話語，以及文字的編排是有規則可循的，可是，我們必須是在使用中，一點一滴累積轉化而來的。人都有主動的想像力，會在經驗中把規則找出來，自己不斷的修改，直到學文法的時候，別人所教的對他來說，只是一種提醒，而不是一種灌輸。

如果我們對某一種語文已經有很多實用經驗，那麼文法的學習，就像是對一個會走路的人，在軍隊裡或童子軍課裡，學齊步走一般的容易，只是感覺不太一樣而已。可是，如果是對自己毫無經驗的語文，一開始就要規規矩矩的、要求精準與正確的學，便很容易有動彈不得的感覺。

在日常語言的學習過程中，在一般的生活文化中，我們有兒歌，有童詩，有雙關語，有英文的 nonsense verse（無厘頭詩）。它們都是用日常的語言，以常見的聲韻規則來遊戲，把本來不太可能放在一起的事實與觀念，放在一起，顛三倒四的衝破一切存在的習俗規範和認知範疇，乃至生物的、物理的、形式的、價值的原理原則，以達到最自由的抽象層次。

在 nonsense verse 裡面，沒有什麼不可能的，而這種可能性的遊戲，卻是在語言與觀念中進行的。所以說，胡言亂語、兒歌、童詩、雙關語，以及 nonsense verse……等的創作與遊戲，都是抽象思考的溫床。

在迎接一個文化的新成員的過程中，如果能夠多多提供這些語文的遊戲，並且認眞對待他們，新的社會成員，可能不只不會怕數學，不會怕學新的語文，也不會怕觀念的遊戲，還會將在生活中的這些遊戲，轉化成研究與理解的新方法。

〈鴨子鴨子〉的遊戲

我舉個例子來說。

頁二四七的詩句〈鴨子鴨子〉，本來我創作這首詩時，只是把它當作語音遊戲來看待。但有一次，我在台東師院語文教育系的語意學課上提出來的時候，卻意外的成了一種方法。

這個班有三十個學生，我把他們分成六組，每一組有五個人，分別報數爲一、二、三、四、五。

我把六組的第一個人找來，離其他人遠遠的，讓別人聽不到我們在說什麼，然後，我對我身邊的這一小群人，述說一遍〈鴨子鴨子〉這首小詩。我用平常的速度說一遍，而且只說一遍，並且不回答聽眾的任何問題。然後讓這些一號，回去把二號找到一個孤立的角落，把〈鴨子鴨子〉這首小詩，以我告訴他們的方式，說給二號聽。

然後，二號再依據一號傳給他們的方式，傳給三號。接著三號傳給四號，四號傳給五號。五號則要站在全班的面前，將〈鴨子鴨子〉這首詩，發表出來。

結果實在非常有趣。

鴨子、沙子、瞎子、夾子、加與嘎，音都很相似，意義卻差別很大。而且，它們的組合方式，在日常生活裡又非常少，或者可以說沒有。我只說一次，所以，同學們的經驗與記憶，在他們的主動想像運作的時候，不太幫得上忙。但每個人，卻都有捕捉意義的意願，所以他們的傳述，就免不了猜測，免不了任意的填補，乃至瞎搞一氣。最後，每個人說出來的，和原版都有相當的距離。

但，這不重要。重要的是，我們都體驗到：訊息傳播的過程中，所能產生的變化，是多麼的驚人呀！而且錯誤與猜測，實在是很重要的趣味來源。

在過程中，我拒絕將原版提出來，這樣就避免了對錯的檢證，也展示了口傳文化跟書面文化之間的重大差別。

如果有老師將〈鴨子鴨子〉這個活動，拿到教室去做，等每一組的最後一個小孩說出結果之後，再把原版印在紙上，發給大家，並且在考試的時候，要大家寫出〈鴨子鴨子〉這首詩的全部，或是依據它，做其他的塡空、造句、選擇……等的練習，或是紙筆測驗。如果這樣做的話，那就只是顯現出台灣目前小學教育中的一個教學現象而已。

那就是：教學的過程，絕大部分是口傳的，可是教學成果的檢證，主要卻還是依據紙筆的測驗。換句話說，是用書面的文化，來檢證、來評量口傳的文化活動。

積木遊戲儲存的習慣與技巧

上述〈鴨子鴨子〉的案例，如果我們將它仔細分析，拿它跟一般的語文教育活動來比較，可以看出遊戲的成分比較大。這裡所涉及的觀念、遊戲的方式，有一點像在玩積木。

就使用的觀點來看，表面上一點用也沒有。積木遊戲能有什麼用呢？擺出的城堡、街道、房子，隨時都可以被打散，沒有什麼意義，沒有什麼連續性，沒有什麼持久性。但是，仔細想來，那些持久性、連續性，以及它的意義，並不是沒有存在，只是它不是存在於那些做出來的東西，甚至也不存在於我們的記憶裡，而是轉化成一種精神的能量，成了一種無形的習慣與技巧。

一如我們曬棉被，在儲存陽光；也像植物開花結果，在儲存營養。

這些刻意設計用來打散一般意義結構，所產生出來的語言遊戲，使得我們在鍛鍊聲音與意義關聯的掌握上，以及在鍛鍊概念與規則的掌握上，比較不容易受到挫折。語言延續的發展，也獲得比較多的可能。

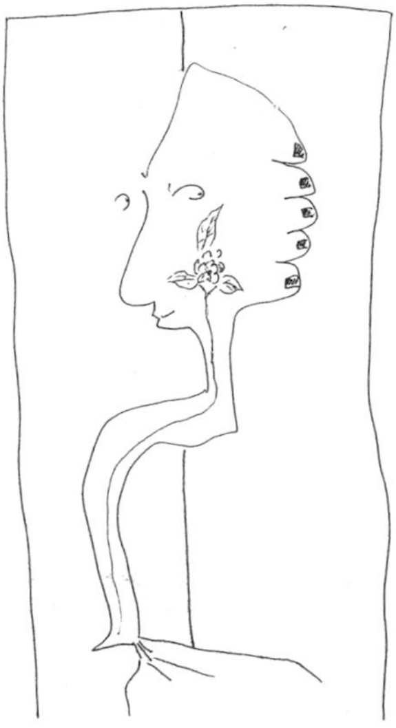

19

沒意義的事

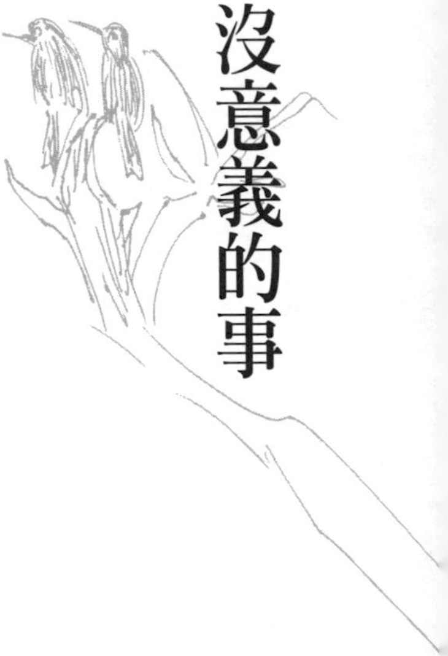

〈生鐵壺嘴吐白水〉

白白的滾燙沸水　從
黑黑的硬生鐵壺的嘴
流斟入
包玫瑰的茶碗

水煙緩緩
兩種特別的　軟軟

是黑黑的
是白白的
而且
不是酸酸的

白白的滾燙沸水　從
黑黑的硬生鐵壺的嘴
流斟入
包玫瑰的茶碗

白的沸水　從
黑硬的生鐵壺嘴
流斟入
包玫瑰的茶碗

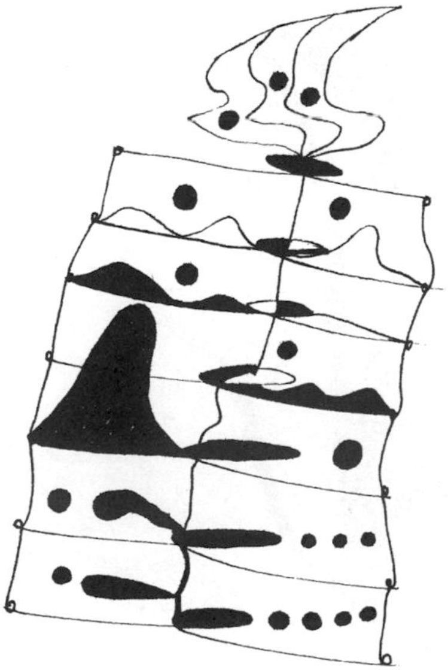

是誰覺知
那特別的　軟

〈掃帚〉

開始的時候
新鮮　有彈性　有力
有點太硬

漸漸好掃
很好掃

然後　開始掉草
一邊的草越來越平
像是中學生的平頭

我還是用
只是
心中常想
該去買一把新的

不管多忙，我總會抽時間，想一些看起來好像沒什麼意義的事。想著想著，過一段時間，我會把那些想的東西記錄下來，自己看也好，和朋友分享也好，這是一個習慣。

平常的日子，想的做的，大多涉及如何教養的問題。早晚照鏡子，往往覺得自己不可愛。如果有這種沒意義的小事，進到內心干擾一下，心裡會覺得清爽一些。

下面是幾則沒有意義的小事：

飯包書

年少時，我去日本，在從金澤到京都的火車上，撿到一本小書。那是一本描述從金澤到京都，沿途小鎮賣的飯包。

我的日文不好，無法瞭解字的明確意思，但裡面的圖片，用猜的大致也能懂。當時的我，對這種「連飯包都能成書」的事感到嘖嘖稱奇。回來後，把這事當笑話，講給朋友聽。

沒想到十幾年之後，台灣書的市場改變了，做什麼事，好像都有書可參考。我這才意識到：文字的世界，已經跟口傳的世界，在日常生活中分庭抗禮了。

過去，類似這種芝麻綠豆事，比如：在哪一條街可以買什麼？頭痛該吃什麼藥？如何選購適當的鞋子？好喝的咖啡如何找？……等等，我們若遇到問題，大都會去問家人或朋友。但現在，我們有書可查。似乎，圖書已經取代了社區鄰居的功能。

然而，演變至今，許多人要找什麼東西，都會打開電腦，上網去找。也許有一天，我們要什麼，只要眼一閉，手往插頭一插，就能心想事成了！

沙雕

美國緬因州的浴水城和威斯康辛州門縣的沙灘上，每年夏天，都會有沙雕比賽。

當然，做的不僅是沙堡，有鯨魚、海鳥、烏龜、人像……什麼都可以。

本來平靜的沙灘，到了比賽那天，就沸沸騰騰熱鬧起來。幾哩幾哩長的沙灘，許多父母帶孩子來參加，大家都不需事先報名，到了地點，找到位置，就可以開始動手做。評審會來拍照，然後，將結果登載在次日的報紙上。

我去參加過幾次，也和一些小孩及他們的父母談話，他們大都很認眞，但比賽的結果，對他們好像不是那麼重要。

每一次，我都會在第二天再回去看一次。

第二天的沙灘，有些沙雕被風吹散，有些被鳥踏過，有些被雨水或潮水沖刷過，個個呈現殘缺的敗相，有的甚至完全失去蹤跡，能夠留存下來的作品，頂多也不會超過一個星期。

爲什麼小孩那麼喜歡玩沙、泥土和水呢？

站在大海邊，我常常把這個問題拿來問自己。

現在的玩具做得非常複雜且逼眞，小小汽車，外型跟功能，做得跟眞的車子一模一樣。但，這種結構複雜、功能一定的玩具，小孩玩幾次就厭倦了。

怎麼會這樣？

記不記得最近什麼時候玩過泥土、玩過沙、玩過水？

玩這三樣東西，使我覺得安心，覺得舒服，覺得拿拿捏捏就可以創造。

小孩的愛沙、愛水、愛泥土，在我看來，是再自然不過的事了！也許小孩果眞是來自沙、來自水、來自泥土！更說不定，凡是歷史，凡是故事，都是泥土、沙子跟水的孩子呢！

虔敬與愉悅

「你看，你看，這幾個小孩這麼小，就懂得拜拜，那麼謙心。眞聰明！」

小時候，花蓮家鄉大拜拜，一大清早，姊姊和兩個弟弟以及我，跟隨大嫂去拜神。我們從大嫂的手中接過點燃的香，學著大人的神態敬拜神明時，聽到有個蒼老的聲音，這麼說著我們。我們四個，偷偷轉過頭去，看見一個老老的老婆婆，在對另一個也是這麼老的老公公說。

謙心敬拜神明，和聰明有什麼關係？

這個問題我已經想了五十多年了。

三十幾歲時，有一段時間，我在幫一位德國神父將佛教密宗的《大日經》翻譯成英文，並跟隨他在日本四處旅行，參觀佛寺。

經常的，這位天主教的德國神父到了佛寺，就會隨著寺院的人，或跪，或坐，或俯身在地，虔誠敬拜。他的神情，除了虔誠之外，還有十分的愉悅含藏其中。

一天，我們到了高野山，那是空海和尚陵墓所在的寺院群。他如往常一般的入寺禮拜。

出來時，我開玩笑的問他：「神父，你要改教了嗎？」

彌維理神父嘻嘻笑著說：「我是情不自禁哪！那種氣氛實在太感人了，我忍不住要跪下來，接近一下地面，親吻大地和泥土。你看，你看，那個佛像的頭是木頭做的，雕工多麼精美呀！裡面不可能沒有神吧！」

突然，他話鋒一轉：「我們找個地方討杯咖啡喝吧。」

我們在大小寺院間找尋，想討咖啡喝。

迎面松林裡，只見兩個大大的漢字寫著——「食堂」。我猜那是飯店，便和神父走了進去。一面走，一面心中微微感到納罕：奇怪，在這人煙稀少的松林裡，怎麼會有這麼大的一間食堂？

待我們進去後，才發現，那才不是什麼飯店，那是禪修和尚們吃飯的餐廳，而且，他們喝茶不喝咖啡。不過，那裡的小小和尚還是很溫馨，他去把住持的咖啡偷了出來，爲我們泡上一壺香濃的咖啡。

徐仁修到毛毛蟲兒童哲學基金會演講時，給我們看壯麗美好的台灣風景幻燈片，他說：「我們應該給小孩美好的夢，教養他們做好夢，一生好好去追求。」

我想，那追夢的過程，必須要帶著虔敬和愉悅。因爲虔敬，自然而衍生出愉悅，而這愉悅，也含藏在虔敬裡面。

特殊語言與日常語言

寫作是一種藝術表現，藝術表現是用一種特殊的語言。

寫作是一種邀請，邀請人家進入作者的內心領域，因此，我在看人家的稿子的時候，很少去改動人家的句子。我的考慮是：那裡面或是規規矩矩，或是亂七八糟，每一樣我所見的，都是人家細心的安排，或是不安排。不管安排或不安排，都一樣重要，我若搬動了，便要留下一個空洞。

通常，我不會要求藝術創作者，用日常語言來解釋他的作品。藝術作品中的表現，互有關聯，互有指涉。有的是思想的影子，有的是情緒的手勢，點點滴滴都是眞實感受的化身。即使是一點點的回憶，也可能放大到包容整座城池。

一個藝術品，是一個有機體，是一個生命體，我牽一髮，可能動的是全身。藝術家善於使用的語言，如果我們不去學，而強強要他們用日常語言來說明他們的創作，不也是一種不敬重嗎？

八生的可靠

有一個人，他叫八生。

八生很可靠，他能爲我們解決許多事。只要我們能等，等得夠久。

八生非常忙碌，不管什麼時候，我們要他幫忙，他總是不在。要是我們在等他的過程中，有什麼事離開一下下，再回來的時候，我們就發現，八生來了又走了，我們沒能夠見到他。萬一我們見到他了，他也是來去匆匆，我們永遠覺得時間不夠。

在我們危急的時候，八生總是說：「我立刻就來。」但他卻一直都沒有出現。

想念八生使我們漫無目的，到頭來，只有一個感想，那就是——浪費光陰。

八生到底是誰？

別問我。

也許，你的八生，跟我的八生，是同一個八生。也許，每一個人都有他自己的八生。

這不重要，重要的是：「八生到底是誰？」

我的塗鴉

附錄

天很高有時卻在腳下

書多半方方的
像是積木，
小孩把書當玩具，
這個大家都懂，
這樣想是很自然，也沒什麼。
也對啦！
我的意思也是這樣啦。
我的意思比這個意思多一點點意思。
那多的一點點意思是，

書當然不只是可以當積木，
它還可以翻開來：
翻開來可以唸，
翻開來可以說，
翻開來可以看，
摸摸聞聞也免不了的。
可是，
那些從書中看到、聞到、摸到、
唸出來的、說出來的，
都只是記號。
書中的西瓜沒有西瓜味，
可是，說真的卻是
和真的西瓜一樣的西瓜。
不信的話，

只要你想一想！
你想一想，
那西瓜就通通出來啦！
觀念穿上聲音的衣裳，
也可以有模有樣，
也可以玩。
觀念初始在
我們的腦海　也在
我們的心靈　後來
住在書本裡　其實
觀念哪裡不在？
柏拉圖說它們在天上。
觀念到處去呢！
只是書成了觀念的家，

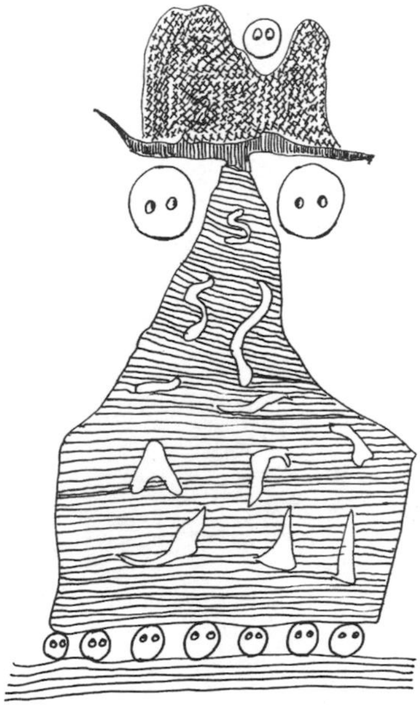

也自然是觀念的店，
介紹小孩看書、讀書或唸書，
帶他們回觀念的家鄉
當然好。
帶他們去逛玩具店
更好。
最好的是，
放他們自己在玩具店裡
玩一整天。

說到語文教育，
就不禁叫人要
下雨天穿雨鞋去走馬路踩天。
踩天踏地，

小孩喜歡，
誰教小孩這樣？
誰要給人家教？
我們說的自然語言
不是媽媽教的，
不是爸爸教的，
是我們自己學的。
我們不知不覺就會了，
只要我們生活在
講話的社會。
語言這樣，
閱讀和寫作也應該
這樣學吧！
只要小孩生活在

閱讀和寫作的社會。
可惜，可惜我們後來有了
學校。
而且學校又多半有
圍牆。
學校以為：
小孩要人家教才會學。
學校以為：
小孩要由淺才能入深，
小孩要從簡才能到繁。
學校以為：
簡就容易，繁就困難。
加上遠古就傳下來的信念：
「勤有功，嬉無益。」

學校的圍牆加高起來，
孩子關在裡面，
學簡單的，
學淺顯的，
學怎麼向老師學。
語文上，
我們教養出努力要說出
人家懂得意思的人。
我們教養出的人有很多
不知道要
怎麼將自己真正的意思
有效表達出來。
誰聽說過容許學生造字的老師？
蘇斯博士相信

學語文即是學生活方式。
其中有規矩，
也有創造。
規矩當然有許多種教法，
明白規矩不容易，
運用規矩更不容易。
我們學校課本的教法是：
先將規矩說明白，不管學生明白不明白；
再舉一些運用的例子，就要學生
依例子按規矩做出適當的運用。
好難喲！
蘇斯博士不教規矩，
他才不明白說規矩，
他舉出許多運用的例子，

編出有趣的遊戲，
玩啊玩，
玩的人自然就應用那
主動的想像，
悟出那應該遵守的規矩。
而且，
由眾多的運用中，生出自己
真正要表達的例子便容易了，
蘇斯博士不好為人師，
他讓人在娛樂中被動而敏感，
然後自然創造。
說創造就想到他書中
許多自創的字，
字典查都查不到，一定查不到，

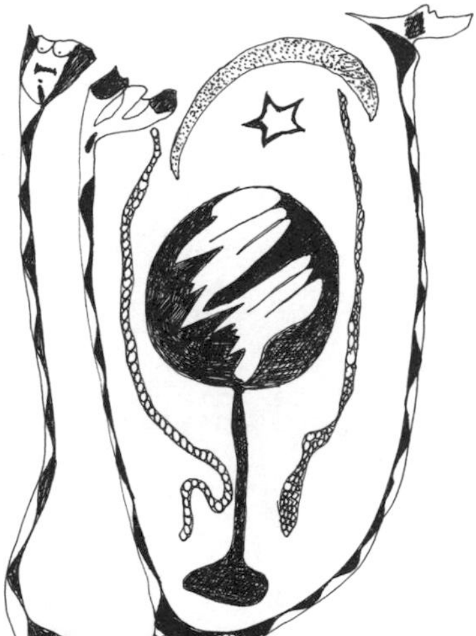

卻是讓人一看就明白，
頂多再看一看也就一定明白。
他創字是要表達從來沒有別人
表達過的意義，
可是，
新字新詞怎麼表達從未被表達過的意義呢？
靠插圖的協助，
這是圖畫書特有的功能。
蘇斯博士的創作，
使語文教育有了被動而敏感的可能，
使人明白遠古傳來的一項真理：
意義的表達乃是一種創造的過程。

人的年齡成長，

不見得一切都跟著成長，
有許多東西可能因歲月的增長而消退。
人學會一種語文，
不一定同時學會如何學習語文。
我們希望
蘇斯博士這些觀念的積木，
可以搭成梯子
引我們爬出
高高的語文圍牆。

你看過媽媽教孩子玩積木嗎？
真的很費力。
你看過爸爸教孩子玩積木嗎？
真的很費力。

因為孩子不要向大人學玩積木。
當然，
如果你跟他們一起玩，
不刻意去教他們，
也許，
大家都會有
踩天踏地的快樂。
你想過嗎？
馬路上一畦小水窪，
那水窪裡有天有雲，
有時還有一張臉，
只要你注意看。

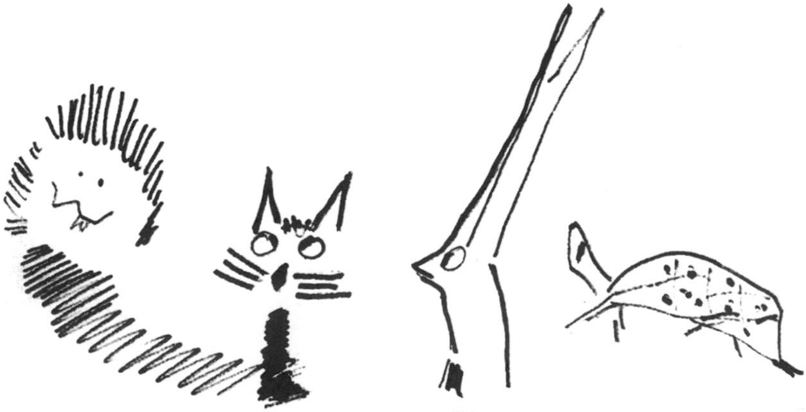

我的塗鴉

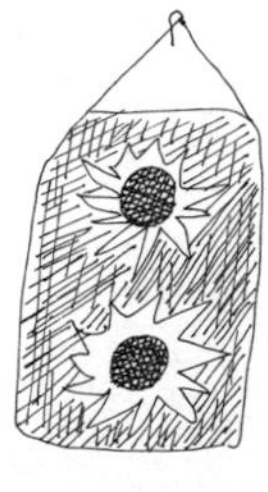

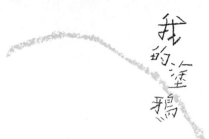

國家圖書館出版品預行編目（CIP）資料

我們教室有鬼：充滿哲學思考的教育現場 / 楊茂秀著 . -- 三版 . -- 臺北市：遠流，2016.03
面；　公分 . --（綠蠹魚叢書 ；YLK92）
ISBN 978-957-32-7792-7（平裝）
1. 教育 2. 文集
520.7　　105001973

綠蠹魚叢書 YLK92

我們教室有鬼
充滿哲學思考的教育現場（全新增訂版）

作者／楊茂秀
插畫／楊茂秀
出版四部總編輯暨總監／曾文娟
資深主編／鄭祥琳
編輯／江雯婷
企劃主任／王紀友
封面暨內頁設計／火柴工作室

發行人／王榮文
出版發行／遠流出版事業股份有限公司
地址／臺北市南昌路二段81號6樓
電話／（02）2392-6899　傳真／（02）2392-6658
郵撥／0189456-1
著作權顧問／蕭雄淋律師

1999 年7月 1 日　初版一刷
2016 年3月10日　三版一刷
定價／新台幣300元（缺頁或破損的書・請寄回更換）

ISBN 978-957-32-7792-7

YLib 遠流博識網
http://www.ylib.com E-mail: ylib@ylib.com